Sept ans à t'attendre

Collection Makom dirigée par Michel Gad Wolkowicz

Ilana Ferhadian

Sept ans à t'attendre

Journal de bord d'une PMA

Préface de Renato Fanchin

Avant-propos de Paul Atlan

Postface de Michel Gad Wolkowicz

DAVID REINHARC
Éditions

Dieu a dit aux femmes qu'elles enfanteraient dans la douleur, il aurait dû préciser qu'une partie d'entre elles concevraient dans la galère…

Préface

J'aime le cinéma, mais je n'y connais rien. Mon entourage s'amuse souvent de mes références en la matière... Et, justement, en lisant l'ouvrage d'Ilana Ferhadian, c'est plutôt un extrait d'un vieux film – *Toute une vie*, de Claude Lelouch, 1974 – qui m'est venu à l'esprit. Je me souviens d'une scène vers la fin où, interrogé sur ce qu'est qu'un homme, le protagoniste répond qu'un homme, *c'est celui qui n'a pas peur des autres hommes* ; et lorsqu'on lui demande ce que c'est qu'une femme, il affirme qu'*une femme est un homme qui pleure de temps en temps*. Ilana Ferhadian a, de temps en temps, pleuré ; mais elle a su dépasser ses peurs. Son livre est, plutôt qu'un exutoire, un témoignage de bravoure au féminin, de détermination au féminin. Elle déroule, avec un art cinématographique de la narration qui ne laisse aucune place à l'approximation, l'histoire de son bébé, ou plutôt l'histoire d'une maman ou, encore mieux, le récit d'une mère courageuse. Elle pointe aussi, spontanée et authentique, et d'une façon où l'émotion ne nuit pas à la pertinence, les errances d'une médecine de la reproduction trop imparfaite, dont les acteurs soignants sont souvent trop protocolaires, n'acceptant aucune digression à leur texte appris par cœur, et à aucun moment ne se hissant à la hauteur du scénario sublime du livre. Car, en effet, ce corps féminin recèle encore trop de secrets. Ce corps si humain, et par définition sensible aux desseins de l'esprit, ce corps de femme porté par des émotions, doit être écouté avant d'être diagnostiqué, compris avant d'être apprivoisé, respecté avant d'être manipulé.

Car il s'agit de toute une histoire, souvent sensible et douloureuse. « Toute une vie », encore une fois, souvent remplie de soubresauts, et qui commence dès les tout premiers instants de la personne à laquelle le médecin a affaire. L'ignorer serait une méprise.

Le livre d'Ilana Ferhadian devrait être lu par toutes celles dont le scénario s'écrit en ce moment précis, et qui redoutent le chapitre suivant. Je suis bien placé pour rappeler que les Ilana Ferhadian sont plus nombreuses qu'on ne le pense, et que leurs douleurs et angoisses sont semblables, même si les parcours peuvent différer souvent. Elles ont en commun cette mystérieuse et puissante envie de donner la vie ; et, pour l'assouvir, la femme consent à emprunter un tunnel de rendez-vous, d'examens invasifs où son corps ne lui appartient presque plus, de piqûres multiples et d'incertitudes. Alors, plus qu'un réconfort ou un quelconque message d'espoir, ce récit est essentiellement une profession de foi, la saga d'une femme qui refuse de croire au raisonnable et lui préfère le rêve. Ilana Ferhadian nous prend comme témoins de la profonde souffrance d'une femme à qui la vie refuse avec insistance la maternité.

Certes, pour que son enfant arrive enfin, pour que son rêve se réalise enfin, l'auteur a fait appel aux avancées importantes accomplies ces dernières années dans le domaine de la médecine de la reproduction. Il est indéniable que le chemin vers l'enfantement pour les couples ayant des difficultés à concevoir est devenu considérablement plus court. Aujourd'hui nous savons mieux appréhender le fonctionnement des ovaires féminins, la pièce maîtresse de tout le processus de reproduction humaine. Ceci autorise l'emploi de traitements de stimulation plus adaptés, à la fois puissants et sûrs pour la future maman, qui lui permettent de fabriquer un nombre conséquent d'ovocytes, ce qui améliore notablement les probabilités de réussite. Aussi le perfectionnement des techniques biologiques d'identification des embryons plus aptes et de congélation embryonnaire, rendant possible la dissociation entre la production in vitro d'embryons et leur transfert dans l'utérus, a eu également des retombées positives sur les résultats. Néanmoins, sur le plan strictement médical également, du chemin reste à faire pour répondre à tous les besoins.

Mais, sans l'aspect humain, ma conviction est que ces raffinements techniques sont moins efficaces. Le livre d'Ilana Ferhadian nous donne justement une leçon d'humanité. Les chutes, les échecs et les larmes de cette femme nous donnent une leçon de modestie, d'empathie, d'écoute. C'est pourquoi je pense que *Sept ans à t'attendre* devrait être également présenté à des médecins lors des congrès de médecine de la reproduction, ces médecins si fiers des nouveaux savoirs et des nouveaux savoir-faire, mais si vides en ce qui concerne le savoir-être – c'est-à-dire la façon dont on interagit avec le patient. Après avoir consacré trente-cinq ans de ma vie à accompagner des femmes dans le même combat, que ce soit par le prisme de la recherche, de l'enseignement ou encore celui des soins, les mots d'Ilana Ferhadian touchent profondément le médecin débutant que je reste. Car nous, médecins, avons un long chemin à parcourir en termes de diagnostics et de thérapies, mais la route est encore plus longue en ce qui concerne la dimension humaine de notre art, cette facette pour moi fondamentale pour la réussite du projet d'enfant. Merci à Ilana Ferhadian pour ce témoignage si précieux, pour son courage remarquable, et pour avoir pris la plume pour réconforter d'autres femmes et nous éclairer tous. Après l'avoir lue, je ne serai plus le même médecin. Que dire alors ? Je lui redirai simplement (comme autrefois) : bravo !

Renato Fanchin

Gynécologue obstétricien, le professeur Renato Fanchin consacre depuis près de trente ans la totalité de son activité à la médecine de la reproduction. Il a centré sa carrière hospitalo-universitaire sur des thématiques autour de la reproduction et est titulaire de l'habilitation à diriger des recherches (HDR) et d'un doctorat d'université (PhD) portant sur la maîtrise de la croissance des follicules ovariens auprès de l'université Paris-Sud.

Avant-propos

J'ai accepté d'écrire la préface de votre *Journal de bord d'une PMA*, et je vous remercie de votre proposition. Votre livre est nécessaire, car thérapeutique. Il montre les souffrances d'une femme et de son conjoint et il devient une leçon de vie – pour *donner* la vie, pour nous tous, patientes et patients (quels termes justes !), et pour le corps médical spécialisé dans ce domaine. Dès le début de votre parcours, où les difficultés s'accumulent, où la solitude s'installe, où il devient vite difficile d'espérer, il y a des enseignements à retenir. Moments de doute, d'inquiétude, où vous devez vous occuper d'une mère malade, heureusement accompagnée d'un conjoint présent, car aimant.

Je sais combien ce qui paraît évident pour un spécialiste de l'infertilité ne l'est pas autant pour celle qui souffre, pour le couple qui souffre. Mais après la lecture de cette période de votre vie, hélas semée d'échecs, et en prenant en compte la suite de votre parcours, l'on reste frappé par le manque d'accompagnement psychologique et le manque de soins psychiques donnés par des spécialistes de l'inconscient, travaillant en symbiose avec les gynécologues et les spécialistes de tous les organes participant à la restauration de la fécondité ; car un bébé se fait avec son appareil génital et sa tête. Une aide qui devrait se prodiguer dans le même lieu que celui où l'équipe gynécologique se parle et parle au couple, comme cela se pratique à l'hôpital Foch.

Ce qui est évident également, c'est la nécessité, comme l'a écrit mon ami le professeur Samir Hamamah, d'une stratégie nationale de lutte contre l'infertilité. M. Hamamah rappelle que, dans la plupart des pays développés, un couple sur quatre ne parvient pas à obtenir une grossesse après douze mois d'essai. Dans votre livre, on découvre votre solitude dans votre parcours médical – une solitude qui, fort heureusement, est contrebalancée par la force de votre couple.

Cette situation d'infertilité puis de fertilité retrouvée, mais suivie d'épisodes de fausses couches *spontanées* (si mal nommées), est représentative des parcours douloureux de beaucoup de couples.

Alors, quelles leçons doit-on en tirer ?

L'éthique, c'est le point de rencontre de la responsabilité et des limites de l'action, au plan tant physique que psychologique. Et un bébé (quel beau terme, au sens littéraire et scientifique !), c'est le fruit d'une femme et d'un homme, avec leurs participations propres, tant physiques que psychiques. L'expérience de ces dernières années nous montre que l'infertilité ne peut être soignée que si des spécialistes de chaque maillon de la chaîne du diagnostic sont réunis au sein d'une même structure hospitalière (publique ou privée) ; cela afin de ne pas éparpiller dans le temps et des lieux différents les possibilités de diagnostic des causes d'infertilité et de fausses couches. Ces lieux existent, et la leçon de votre journal de bord, c'est votre prise en charge à l'hôpital Foch. Un lieu qui réunit des spécialistes de chaque organe qui participe à la fécondité chez la femme et chez l'homme, et des spécialistes du psychisme humain. Cela rassure et assure.

Vous donnez, par ce journal de bord, une leçon à tous et toutes celles qui souffrent ou qui ont souffert. Une leçon de vie. Bravo aux parents de Victoria, la bien nommée !

Paul Atlan

Professeur de médecine en gynécologie-obstétrique et en éthique transculturelle, directeur du diplôme d'université d'éthique transculturelle en relation avec les religions, ancien secrétaire général de la commission d'éthique biomédicale du Consistoire, prix Humanisme et Médecine 2021, membre du comité éditorial de Schibboleth.

J'ai peu réfléchi avant de me dévoiler.

À l'heure où je commence ce récit, fin 2017, j'en ai assez! Assez de ce tabou autour d'un calvaire nommé *infertilité*. Même s'il est vrai que les témoignages se sont multipliés ces dernières années et que de nombreuses femmes sont sorties du silence. Quand je commence mon parcours en PMA, je me sens seule, démunie, comme honteuse. Pourtant j'ai conscience que d'autres vivent cette situation; alors je veux tout dévoiler, tout dire, vider mon sac, crier ma colère, expliquer mes espoirs et mes désillusions. Car ceux qui luttent doivent être soutenus. Parce que les infertiles ont justement du mal à être tout à fait entendus.

Je livre ce témoignage aujourd'hui pour tenter aussi de changer quelques mentalités. En effet, certains s'imaginent encore que les épreuves d'une femme infertile sont le fruit de « maladies psychologiques ». Ce n'est malheureusement pas nouveau.

Au XIXe siècle déjà, l'hystérie, aussi appelée « maladie de l'utérus », était diagnostiquée comme une névrose chez des femmes dont les comportements ne correspondaient pas à ce que la société attendait d'elles. Leur souffrance et leurs symptômes n'étaient pas pris au sérieux. Aujourd'hui, ces mêmes mentalités nous ostracisent et nous mettent dans des cases.

J'espère que mon témoignage permettra aux combattantes de la PMA de garder espoir et courage, afin d'arriver à donner ce qu'elles désirent le plus au monde, la vie.

J'ai grandi d'une façon plutôt ordinaire, je n'ai manqué de rien. Heureusement pour mes parents, plutôt permissifs, je n'étais pas une enfant rebelle. Je n'ai jamais fumé ni pris de drogue, je n'ai jamais été en garde à vue, je n'ai jamais fugué, je n'ai jamais été ivre. J'ai eu mon bac avec mention, j'ai fait des études supérieures, j'ai travaillé relativement jeune.

Je n'ai jamais connu le Planning familial et, au-delà de ça, les tromperies de petits copains, les relations sexuelles sans lendemain ou les MST. J'étais une enfant et une adolescente très équilibrée, la tête sur les épaules. J'étais très, peut-être trop, exigeante avec moi-même, trop sérieuse disons. Je ne voulais surtout pas connaître l'échec d'une relation sans lendemain.

Peut-être bien que j'avais idéalisé ma vision du couple à cause des romans à l'eau de rose et des films Disney, mais ce que je voulais était clair : un homme, un « vrai », avec qui je resterais toute ma vie et qui serait le père de mes enfants.

Mon ambition de fonder une famille était donc bien présente, assez jeune. Je savais que j'étais faite pour être mère. Mes futurs enfants étaient bien construits dans mon imaginaire. Je souhaitais en avoir au moins quatre ou cinq. Cette dynastie que je pourrais réunir dans la joie et la bonne humeur, à l'image de la si parfaite famille Camden de *Sept à la maison*. Nourrie au berceau par les belles histoires des studios hollywoodiens, je pensais donc que mes enfants et cette famille, tant rêvés, arriveraient très vite…

J'ai mis du temps, beaucoup de temps, à comprendre que ce ne serait pas aussi simple, et que la vie ne fait pas toujours de cadeau.

Février 2012

J'ai enfin trouvé le futur père de mes enfants. J'en suis certaine. Un an après notre rencontre, nous nous fiançons et, au bout de quatre ans d'une belle histoire, viennent enfin les préparatifs de mariage. Tous deux, nous souhaitons réaliser notre rêve, fonder une famille, rapidement. N'est-ce pas dans l'ordre des choses ? Alors, même si le projet bébé n'est pas une urgence, on y arrivera vite. Oui, j'en suis réellement persuadée. À vrai dire, je n'imagine pas du tout l'éventualité d'un problème. Pourquoi devrait-il y en avoir un ? Ça n'arrive qu'aux autres, ces histoires. Et puis je suis tellement heureuse de me marier jeune, pour avoir des enfants jeune. Je suis d'ailleurs la plus jeune de mon groupe d'amis à me marier, alors je serai certainement la première à fonder une famille.

Décembre 2016

Cela fait six mois que nous sommes mariés et que j'ai arrêté de prendre la pilule. Finalement, tomber enceinte prend plus de temps que prévu, mais je suis sûre que ça ne va pas tarder. Je mets cette attente sur le dos de mes quatre années de contraception, et je me revois, naïvement, en train d'acheter *Le Grand Livre des prénoms 2016* pour bébé et sortir de la FNAC, le livre sous le bras. Je me souviens de ce mot du vigile à la sortie : « Félicitations ! »

Douce candeur. Je ne suis même pas enceinte mais j'y crois tellement que j'imagine déjà l'être. Et dire qu'il y a quelques années, à deux ou trois reprises, je m'étais infligé la pilule du lendemain. Forcément, je fais partie de la génération qui a hérité de la terreur du Sida et des grossesses indésirables. *Cela peut arriver*

MÊME lors de votre première fois, nous disait-on en cours d'éducation sexuelle. Créer la vie nous paraissait à tous si simple… Mais non ! Au bout de six mois, mon ventre ne s'est toujours pas arrondi. Je vais donc consulter.

« Pas d'inquiétude », me dit une première gynécologue, qui ajoute : « Il est encore tôt, vous avez seulement vingt-quatre ans, revenez me voir dans six mois si toujours rien. »

Mai 2017

Toujours aucun signe de bébé à l'horizon. À chaque fin de mois, mes règles me reviennent comme un uppercut, des règles plus douloureuses qu'elles ne l'ont jamais été… Mince, et si c'était de l'endométriose ? La société et les médias en parlent de plus en plus, et j'ai quelques « signes » de la maladie : douleurs menstruelles assez fortes, tiraillements sur les lombaires au moment des règles, nausées… Mais ces symptômes me paraissent relativement normaux et, à cet instant, je refuse d'assumer une quelconque affection. Je laisse passer plusieurs mois. Le déni, c'est terriblement humain.

Mais quand même, j'essaie les fameux tests d'ovulation – ce petit sourire qui clignote sur l'appareil, et qui te donne tant d'espoir… Et pourtant, c'est encore raté à la fin du cycle. Ce sourire m'exaspérait par son optimisme perpétuel qui ne donnait jamais rien. Je teste alors aussi le lubrifiant de fertilité… Un joli coup marketing !

Parallèlement, je découvre la symptothermie, une méthode naturelle de suivi de cycle, selon son désir de conception ou non. Il s'agit d'une méthode d'observation naturelle qui permet de connaître avec précision à quel moment tombe l'ovulation, et donc quelles sont les périodes plus ou moins propices pour procréer. Prise de température matinale, observation de la glaire cervicale, et même palpation du col de l'utérus, telles sont les consignes de cette bonne vieille méthode de grand-mère. Une vraie expérience de SVT. Alors je m'y intéresse fortement et je me retrouve en un clin d'œil sur des groupes privés Facebook de filles qui envoient – sans aucune gêne – des photos de leur glaire cervicale, pour demander à leurs sœurs fécondes à quel moment du cycle cela correspond :

Filant comme du blanc d'œuf = fertile.

Blanc et collant = infertile.

Je vous épargne les détails, parmi tant d'autres textures et apparences réjouissantes des pertes vaginales.

Donc, malgré les rapports programmés au bon moment, les tests d'ovulation, tous les lubrifiants au monde et mes connaissances désormais approfondies en anatomie féminine, le bébé n'arrivait toujours pas.

La famille Camden me narguait.

Mes crampes de règles étaient de plus en plus fortes, surtout depuis l'arrêt de cette satanée pilule. C'est étonnant, à vrai dire, comme le corps est réceptif aux hormones. Sous contraceptif, rien ne laissait présager mes futures difficultés, et je n'imaginais pas subir un jour l'infertilité – forcément, les œstrogènes avaient fait office de cache-misère toutes ces années. « Quelle perte de temps… », c'est ce qu'on se dit toutes quand on traverse ce genre d'épreuve… « Si j'avais su, j'aurais peut-être pris un traitement » ou « j'aurais commencé les essais plus tôt », ou « si j'avais su, je n'aurais surtout jamais pris ces pilules du lendemain ». Si j'avais fait ceci, si j'avais fait cela…

À cette période, par ailleurs, je commence à m'épuiser moralement et physiquement, car je suis à l'écoute de mon corps vingt-quatre heures sur vingt-quatre, à l'affût du moindre changement ou symptôme de grossesse. Je me pose aussi des questions sur mon mode de vie, comme mes horaires décalés dus à mon métier de journaliste, qui ne sont pas idéaux pour la prise de température matinale. Je me trouve des excuses. Bien sûr, en 2017, personne n'est au courant du stress qui m'habite. Ma vie commence à prendre un virage inattendu.

Juillet 2017

Cela fait précisément un an que nous sommes mariés, donc quasiment un an que j'ai arrêté la pilule. Ça y est, c'est sûr, nous ne sommes pas normaux.

Alors, après plus d'un an d'essai, je revois rapidement une gynécologue choisie en parcourant le Net et qui a de « bons avis » selon mon ami Google. Pas question, donc, de se laisser aller et d'attendre la cigogne plus longtemps. Elle me prescrit un bilan de fertilité : en France, après plus ou moins un an, voire deux ans, de rapports réguliers et non protégés, le corps médical estime que le couple est dans une situation d'infertilité. En France, 10 % des couples sont désignés comme « infertiles », et non pas « stériles », si la nuance n'est pas encore évidente pour tout le monde.

L'infertilité est multifactorielle. Elle peut venir à la fois de l'homme, de la femme, ou bien des deux. Chez l'homme, on peut trouver une absence de spermatozoïdes, un manque de mobilité des spermatozoïdes, des problèmes testiculaires. Parfois, il peut même y avoir une incompatibilité biologique entre le sperme et la fameuse glaire cervicale, ce qu'on peut déterminer avec le fameux test de Hühner, notamment. Chez la femme, les anomalies sont tout aussi diverses : endométriose, adénomyose, dysovulation, anovulation, syndrome des ovaires polykystiques…

Au-delà de ces problèmes physiques et biologiques, beaucoup s'interrogent également sur les causes « cachées » de cette infertilité grandissante. Certains estiment qu'elles sont environnementales, liées à notre mode de vie ou de consommation, et les affreux perturbateurs endocriniens sont pointés du doigt. Ces parasites invisibles, qui sont présents dans la composition de nombreux produits d'entretien ou d'hygiène tels que les déodorants, les lingettes démaquillantes, le maquillage, le shampoing, les vêtements, les médicaments, ou encore certains produits alimentaires : les gras et sucres saturés, par exemple. Et que dire de la pollution, aussi !

Bon, je le concède, c'est déprimant et extrêmement anxiogène. Parfois, je me dis que l'ère de Gilead dans *The Handmaid's Tale* est proche et que Margaret Atwood est une visionnaire ! Puis je repense à toutes ces filles autour de moi qui tombent enceintes.

Ok, Gilead, ce n'est pas pour tout de suite…

Mais revenons-en à mon bilan de fertilité, au cours duquel tout mon appareil reproductif est pour la première fois observé à la loupe. Photographié et scruté en trois dimensions, mon utérus devient la star des podiums médicaux. Il y a les examens de base : échographie pelvienne, dosages hormonaux… et puis, bien sûr, les spermogrammes pour Monsieur. Si, au départ, tout ça me paraît horriblement sadique, je m'y plie sagement, rigoureusement, comme une bonne élève. Je suis presque excitée à l'idée de commencer à résoudre « mon énigme ».

Les prises de rendez-vous téléphoniques s'enchaînent alors, et souvent le temps d'attente pour obtenir un entretien est long. Parfois, il faut trois à six mois pour planifier une consultation à Paris même, alors je n'imagine même pas la galère des couples qui vivent à la campagne, loin de la capitale.

Enfin, un des premiers examens imposés me marque particulièrement. Examen intrusif au nom barbare en vingt-deux lettres : hystérosalpingographie. Il s'agit d'une observation par radiographie, qui consiste à instiller dans la cavité utérine et les trompes un produit de contraste, introduit grâce à une canule à travers le col de l'utérus. Objectif : observer la perméabilité des trompes de Fallope. Bon, *a priori*, ce n'est pas douloureux…

7 août 2017

J'attends patiemment, allongée sur la table d'examen, les jambes repliées et ouvertes. Il fait froid, je tremble et cela fait déjà de longues minutes que j'attends sans bouger dans cette position. Enfin, une assistante arrive et exécute une première radio. Le médecin fait ensuite irruption dans la pièce et me demande de me détendre. Je suis détendue, ça, c'est quelque chose qu'on ne peut pas me reprocher. Peut-être même trop ? Il me prévient : il va m'injecter dans l'utérus ce fameux liquide bleu fluorescent. Un liquide, dit-il, qui risque de me causer une « petite gêne ».

Zen. L'examen commence. Mais au passage du produit, je ressens immédiatement une saisissante et violente douleur. C'est un calvaire ! Je sens ce produit au plus profond de mon être, je n'ai jamais connu ça. J'ai l'impression qu'on me plante de petites aiguilles dans le bassin, et je me tords de mal. Face à ma résistance, le docteur prend un autre instrument, essayant tant bien que mal de « terminer le travail ». Il exige une nouvelle fois de moi que je sois détendue, mais c'est raté, je suis totalement crispée, paralysée par la souffrance. Pourtant, cet examen aura duré quoi ? Cinq minutes maximum !

Enfin, les objets de torture s'éloignent de mon utérus. Mes maux s'atténuent. Ce n'est toutefois pas terminé, car je dois ensuite attendre une vingtaine de minutes dans une pièce attenante, avant de passer à nouveau une radio pour observer le cheminement du liquide. Lors de cette attente, de l'autre côté de la porte, je peux entendre la consultation qui s'ensuit. En l'occurrence, la patiente a l'air plutôt sereine, elle. Et c'est une femme cette fois qui lui fait l'examen. Curieux : pas de cri, pas de gémissement, je les entends discuter comme si elles étaient au bistrot…

On a bien fait le même examen, là ?

Je suis abasourdie, mais je comprendrai ça plus tard dans bien d'autres aspects de l'infertilité : chaque femme est différente, chaque cas est singulier, nous ne réagissons pas toutes de la même manière face à la douleur. Le corps humain est complexe, d'où la difficulté, peut-être, pour les médecins d'adapter un traitement différent à chacune.

Alors, quand on vous dit qu'un examen ne fait pas mal ou n'est pas douloureux, n'écoutez pas, ce n'est pas forcément vrai pour tout le monde...

Enfin, les tests se terminent. Je suis appelée, après une bonne demi-heure. Le « tortionnaire » me reçoit dans son bureau, radio de mes trompes épinglée au mur :

« Mademoiselle, ce qu'on peut voir, c'est que vous avez la trompe gauche très légèrement bouchée, et la présence d'un endométriome sur l'ovaire droit. Vous avez déjà entendu parler d'endométriose ? »

L'information me fait l'effet d'un coup de massue. L'endométriose... Oui, je la suspectais déjà cette petite bestiole. Mises en cause, comme expliqué précédemment, mes douleurs de règles post-pilule. Selon les chiffres officiels, l'endométriose touche une femme sur dix en France. Je fais donc partie de ce pourcentage.

Suite à une brève discussion, il me conseille d'aller faire une IRM (imagerie par résonance magnétique) pour confirmer le diagnostic, puis me montre du doigt une jolie petite boîte remplie de faire-part de naissance. Il m'explique que l'hystérographie, très souvent, « nettoie » les trompes et permet la nidation, après deux ou trois mois.

Croisons les doigts...

Après l'été 2017, j'ai enfin rendez-vous pour une IRM avec un ponte du milieu, dans le deuxième arrondissement de Paris. Examen totalement indolore, qui permet d'obtenir des vues de l'intérieur du corps, en deux ou trois dimensions, et qui donne surtout des informations sur des lésions qui ne sont pas visibles sur une radiographie standard, une échographie, ou un scanner. Le but, dans mon cas précis, est de confirmer ou non cette endométriose. Je me retrouve donc, encore une fois, quasiment nue, dans un tunnel de deux mètres de long.

Je dois attendre que ça passe. Des bruits infernaux sont projetés, alors on me met un casque sur les oreilles. Une fois le concert terminé, je lis les conclusions de l'examen :

Adénomyose utérine diffuse. Pas d'argument pour une endométriose profonde ou pariétale digestive. Ovaires pluri-folliculaires. Probable petit endométriome ovarien droit.

Bon, cela confirme ce que disait l'hystérographie. Si *a fortiori*, tout va bien, j'ai quand même de l'adénomyose, une espèce de cousine, ou plutôt de variante de l'endométriose – il s'agit de cellules similaires à de l'endomètre, que l'on trouve directement dans le muscle utérin, le myomètre. Des cellules *persona non grata* que l'on peut apercevoir à l'échographie pelvienne, comme des taches blanches plus ou moins discrètes, et qui provoquent des inflammations, et *de facto*, des douleurs. Après coup, je me rends compte de la complexité de cette maladie. Il y a bien différentes sortes d'endométrioses.

Selon les docteurs Susan Evans et Deborah Bush, citées dans l'excellent livre *Endométriose, ce que les autres pays ont à nous apprendre* de Marie-Rose Galès, « l'endométriose est une affection caractérisée par la présence de fragments de tissus similaires à la muqueuse utérine, situés à l'extérieur de l'utérus, à des endroits où ils ne devraient pas être. Le tissu n'est pas identique à la muqueuse utérine, mais il semble similaire sous un microscope ». C'est important, car finalement il ne s'agit pas de cellules de l'endomètre qui se sont égarées, comme on peut souvent l'entendre. Ce n'est pas de l'endomètre qui, pendant les règles, remonte par les trompes et vient former des lésions dans le reste du corps. Non, toujours selon Marie-Rose Galès : « L'endométriose, c'est une sorte de tumeur bénigne, de cellules ressemblant à de l'endomètre, c'est-à-dire la muqueuse tapissant l'intérieur de l'utérus. Cela y ressemble, mais c'est différent, comme une sorte d'endomètre mutant. »

Le mystère n'est pas élucidé. En tout cas, on sait que chez certaines femmes atteintes d'endométriose, ces fameux tissus similaires à l'endomètre colonisent de nombreux organes : les ovaires, la vessie, le rectum, les intestins, les jambes, et même, dans les cas les plus rares, les poumons. Ces tissus rebelles créent de fortes inflammations, cycle après cycle, caractérisées par une sensation de déchirements intenables au niveau du bassin. À titre informatif, selon le professeur John Guilbaud, quand on est atteint d'endométriose, les règles peuvent être aussi douloureuses… qu'une crise cardiaque.

Marie-Rose Galès évoque ainsi dans son livre le cas des *killer cramps* – littéralement, dit-elle, « des crampes de la mort qui tue » ! Des contractions utérines, semblables à celles d'un accouchement. Une douleur venue d'une substance appelée prostaglandine, produite dans l'utérus pendant les règles et qui déclenche de fortes contractions. Son but : aider à expulser le sang menstruel, comme lorsqu'on lutte pour faire sortir le ketchup d'une bouteille. La prostaglandine agit de la même façon sur l'endomètre. Selon plusieurs études, les lésions d'endométriose pourraient même avoir leurs propres prostaglandines.

Enfin, au-delà de ces *killer cramps*, l'endométriose provoque aussi une infertilité. Si je n'ai, à titre personnel, pas une endométriose profonde, visiblement, ce que j'ai est bien suffisant pour m'empêcher de tomber enceinte.

Encore à ce jour, il n'y a pas vraiment de traitement miracle pour guérir de l'endométriose, et encore moins de l'adénomyose. Certes, les opérations existent, comme les cœlioscopies. Elles permettent de retirer quelques adhérences, et peuvent consentir aux plus chanceuses une merveilleuse grossesse. Mais parfois, la maladie étant trop avancée, l'espoir de tomber enceinte disparaît complètement. Certaines se voient même imposer plusieurs cœlioscopies dans leur vie, rien que pour atténuer les spasmes et ne plus souffrir. D'autres passent carrément par l'hystérectomie, le retrait total de l'utérus. Mais pour quel résultat ? Selon les témoignages, l'opération n'est même pas gage d'arrêt des douleurs.

Toute leur vie, des femmes vivent avec ces maux, qu'elles seules doivent maîtriser, souvent dans la solitude la plus profonde. Psychologiquement, cela peut mener à des épisodes dépressifs, voire suicidaires. Imaginez souffrir en permanence, avant, pendant, après ses règles ?

Bien sûr, l'autre solution pour se résoudre à ne pas souffrir, ce sont des médicaments hormonaux très lourds qui, pris à dose de cheval, peuvent offrir un peu de répit. Mais là encore, à quel prix sur le mental et sur le corps ?

Il n'y a donc pas d'issue prodigieuse.

L'endométriose ne se guérit jamais totalement.

En écrivant, je me suis souvenue d'épisodes bizarres de ma puberté. Mes premières règles, par exemple : elles étaient hémorragiques, mais sans réelle douleur. Navrée pour les détails qui vont suivre, mais ils ont leur importance.

J'avais douze ou treize ans à l'époque, et littéralement des caillots de sang fuyaient dans ma culotte, quelque temps après mes premières règles. La quantité était vraiment impressionnante. Je n'en parlais pas, et je me contentais de mettre d'énormes serviettes, semblables à des couches. Pour moi, cet océan qui m'inondait, c'était normal. J'ai ainsi le souvenir plus qu'incommode d'un voyage en avion aux États-Unis. J'allais en colonie de vacances et, sur le chemin de l'aller, j'ai eu mes vilaines. Mais malheur, n'ayant pris aucune précaution – étant donné leur totale irrégularité depuis leur arrivée –, j'ai tout souillé.

Oui, pendant douze heures de vol, je suis restée assise dans mon propre sang. En fait, je n'ai pas tout de suite remarqué à quel point il y en avait, mais d'heure en heure, c'était pire, et déjà trop tard pour me lever. J'étais tellement confuse et embarrassée que je n'ai rien dit, tout au long de ce voyage. J'avais tellement honte de moi, de ce corps que je ne maîtrisais pas. Au moment de partir, je me suis contentée de mettre ma veste autour de ma taille pour cacher ce désastre sanitaire. Le fauteuil était fichu, je l'avais entièrement taché. Je suis partie vite, très vite ! J'espérais que personne ne remarquerait rien…

Étais-je vraiment responsable de cette situation ? Peut-être. Mais qui pouvait en vouloir à cette gamine, qui n'avait à l'époque aucune idée de ce qui lui arrivait ?!

C'est tout de même comique, avec le recul, je n'ose pas imaginer la tête de la pauvre hôtesse qui a découvert le siège. J'en ris aujourd'hui, mais j'ai encore un peu honte…

Après cet événement, je me souviens m'être promis de prendre les choses en main, et de ne plus jamais me laisser avoir. Mes règles avaient beau être irrégulières, peu importe quand elles arriveraient, car si j'étais un peu jeune pour prendre la pilule, j'avais désormais, chez moi et dans mon sac, un stock de serviettes à disposition. Je suis devenue angoissée à la moindre idée de tacher quelque chose, et je demandais dès lors (et encore aujourd'hui parfois !) à mes amies de vérifier mon arrière-train pour voir si je n'avais pas eu un accident.

C'est malheureux, mais les règles sont encore un sujet tabou dans notre société. Regardez ces publicités à la télévision il y a encore quelques années : du liquide bleu pour illustrer nos menstruations. Sérieusement, pourquoi ? C'est si dégoûtant que ça, le rouge, la vraie couleur du sang ? Pourquoi nous culpabiliser, n'est-ce pas notre nature de femme ? Je me souviens aussi de cette polémique en 2019, suite à une pub Nana, et de certaines femmes (le comble) qui l'avaient jugée « dégoûtante ». La pub Nana *Viva la Vulva* avait justement décidé d'utiliser le rouge pour illustrer les règles dans la serviette hygiénique, suscitant plus de mille plaintes auprès du CSA. Une publicité dans laquelle on pouvait voir des dizaines de vulves stylisées en fruits, en gâteaux, en objets, chantant en chœur. Désolée pour tous ces gardiens de la moralité, mais oui, le sang est rouge ! Après ça, qu'on ne s'étonne pas que des adolescentes n'osent pas aller au rayon des protections périodiques au supermarché... Comme si les règles étaient une tare.

Alors certes, nos sociétés occidentales s'améliorent, c'est vrai, notamment dans certains pays, grâce à des projets de loi votés ces dernières années sur la gratuité des protections périodiques pour les femmes. Mais ailleurs dans le monde, qu'en est-il ? Dans certaines cultures, des femmes sont mises au ban de leur communauté. Dans de nombreux pays, comme en Inde, au Kenya, ou encore au Bénin, les jeunes filles ne peuvent même pas aller à l'école quand elles ont leurs règles. Par manque de moyens sanitaires, elles sont découragées, et déscolarisées. Dans certaines régions reculées du Népal subsiste la tradition ancestrale de la *chhaupadi*, pourtant interdite par le gouvernement car elle contraint les femmes à quitter leur foyer pendant leur période de règles. Elles doivent déserter leur communauté et vivre recluses dans une hutte dans des conditions précaires, afin de ne pas « contaminer » leur environnement par leur impureté !

24 novembre 2017

Tous mes examens de fertilité ont été accomplis. J'emporte nos documents pour faire le point avec ma gynécologue. Je décide d'y aller seule, crédule, avec encore toute l'innocence qui me caractérise. À vrai dire, quelque chose me rassure dans son cabinet : l'atmosphère très maternelle, réconfortante, et puis ces photos accrochées au mur – encore une fois, des faire-part de naissance de jolis bambins qui me donnent envie d'y croire.

Docteur M. est rigoureuse. Elle regarde mes résultats longuement. Bizarrement, j'apprécie sa froideur, une froideur qui m'inspire confiance. Avec son crayon, elle prend soin d'entourer les éléments de mon dossier qui lui paraissent importants. Puis le couperet tombe enfin, et le constat est terrible. Sans surprise, je suis donc atteinte d'endométriose, d'adénomyose, j'ai aussi une trompe obstruée, un taux d'AMH à 1,67. AMH ? Non, ce n'est pas une nouvelle marque de fringues branchée parisienne. Couplé avec l'échographie pelvienne, le test de réserve ovarienne, aussi connu sous le nom d'AMH pour hormone antimüllérienne, permet d'évaluer le nombre de follicules qui se développent en début de cycle.

Pour rappel, contrairement aux hommes qui renouvellent leurs spermatozoïdes constamment, les femmes naissent avec un nombre prédéfini d'ovules. La réserve ovarienne d'une femme ne cesse de diminuer au cours de sa vie. La vitesse d'altération de la réserve ovarienne est inégale d'une femme à l'autre, mais à titre indicatif, il ne reste à la femme de trente-cinq ans que 12 % de sa réserve ovarienne, et ce pourcentage diminue à 3 % lorsqu'elle atteint l'âge de quarante ans (ce n'est qu'une moyenne, n'étant pas toutes égales face à la nature). La probabilité de tomber enceinte est donc directement liée à la réserve ovarienne.

Selon un tableau des moyennes, on constate qu'un taux « normal » d'AMH pour une fille de vingt-cinq ans se situe entre 1,50 et 5. Selon ma gynécologue, mon taux est donc « plutôt bas » pour mon âge. Un phénomène irréversible. Cruelle nature ! Pourquoi l'horloge biologique des femmes est-elle si décalée avec celle des hommes ? Quand je vois que Mick Jagger a accueilli son huitième enfant à l'âge de soixante-treize ans…

Docteur M., qui me fixe désormais froidement, se décide enfin à parler :

« Je pense qu'il ne faut pas perdre de temps… Au vu de ces résultats, de cet AMH, de cette endométriose et de cette trompe obstruée, ce que je peux vous proposer, Madame, c'est la FIV. La fécondation in vitro. »

Le mot FIV résonne en boucle dans ma tête. Je suis sidérée, j'ai l'impression d'avoir été jetée du haut d'un immeuble et d'avoir atterri dans un autre monde, une autre réalité.

La violence de l'annonce m'a mise KO, je ne suis clairement plus là. Mais elle continue ce qui à cet instant est, pour moi, du charabia.

Enfin, je reprends un tant soit peu mes esprits. Elle m'explique qu'en cas d'endométriose, les chances de tomber enceinte par insémination (en principe, première étape d'une PMA, qui signifie : procréation médicalement assistée) sont quasiment nulles, et qu'il vaut mieux passer en FIV directement. Elle craint que mon taux d'AMH chute terriblement avec les années… Elle a l'air particulièrement inquiète, et me terrorise aussi. J'oublie à cet instant que ça ne fait qu'un an et quelques semaines que j'essaie d'être enceinte, que je suis jeune, et que ce n'est pas grand-chose finalement à l'échelle d'une vie. Et puis, ce n'est que son avis. Mais, candide, je la crois, fermement. Je la crois car je ne comprends absolument rien à ce qui vient de se passer. Docteur M. est mon seul repère dans cet océan d'incertitudes. Je n'ai que vingt-cinq ans, mais je suis encore tellement crédule. Je suis une gosse. Et je vais devoir faire une « FIV ». Je ne saisis pas la technique médicale, tout cela me paraît d'une laideur tellement abstraite, et ses jolis croquis n'aident pas.

Quand même, c'est fou comme certaines certitudes peuvent être balayées en cinq minutes. Pour moi, ce protocole était surtout destiné aux femmes de plus de quarante ans en mal d'enfant. Celles qui n'avaient pas eu le temps, pas de chance en amour, prises par une carrière enchantée, celles qui s'étaient réveillées trop tard, ou celles qui n'avaient pas trouvé le bon. Le genre de problématique que l'on voit uniquement dans la presse à scandale ou à la télévision – focus sur ces femmes allant jusqu'à l'étranger pour se faire engrosser. Ces reportages aux titres plus racoleurs les uns que les autres :

« L'enfant de la dernière chance. Aujourd'hui, vous allez suivre Martha dans une clinique spécialisée en Espagne. À 41 ans, Martha n'a qu'un seul désir : devenir maman. Mais va-t-elle y arriver ? »

Ah, quel coup du destin. Désormais, cette caricature c'était moi aussi. Mon ignorance était totale… À ce moment précis, je faisais, moi aussi maintenant, partie de « ces autres ». Toujours dans le cabinet de la gynécologue, j'ose toutefois la question ingénue : « Mais je pourrai tomber enceinte naturellement, un jour ? »

Elle est mignonne, doit-elle se dire. Elle me sourit : « Tout est possible. » Mais je ne suis pas rassurée. Malgré cela, j'acquiesce à TOUT ce qu'elle me dit, même si je ne comprends toujours pas où j'ai mis les pieds. Mais oui, je suis prête à commencer ce parcours. Si je dois passer par là, allons-y maintenant, on (je) signe où ?

Ma brave gynécologue esquisse alors à nouveau un sourire et me demande de prendre le temps d'y réfléchir. Pourquoi ? Elle n'est pas sûre, finalement ? Et surtout, ajoute-t-elle, d'en parler avec ma moitié (je l'avais presque oublié). Elle m'explique que c'est une décision importante, qu'une aventure PMA est pénible et harassante.

Le rendez-vous terminé, je file avec tous les documents et je remonte dans ma voiture, garée au bas de la rue. Puis j'éclate en sanglots. La nouvelle me met à rude épreuve. Pleurs de déception, mais surtout pleurs d'angoisse. Je suis complètement désemparée. C'est bizarre, mais c'est comme si j'avais senti que c'était le début de longues années de galère…

En rentrant à la maison, dans notre ancien appartement du dixième arrondissement de Paris, je retrouve mon mari qui ne se doute encore de rien. Je pleure, mon discours est à peine audible, je tente de lui expliquer que cette tuile tombe sur nous, oui sur nous, pas sur quelqu'un d'autre. « C'est pas grave », « c'est rien », « t'inquiète pas » me dit-il. Étrangement, il ne semble pas prendre conscience des enjeux, je crois qu'il ne comprend pas vraiment cette agitation qui m'anime. Le pauvre, il n'a pas saisi la gravité de la situation. Je m'en veux terriblement. Pour lui et pour nous.

Digression un peu technique, néanmoins importante. En France, en situation d'infertilité, nous avons la chance d'être, dans la grande majorité des cas, pris en charge à 100 % par la Sécurité sociale. « La chance », je m'en suis rendu compte en voyant le prix exorbitant des médicaments de PMA sur mes relevés de remboursement de l'assurance maladie. C'est un nouveau monde qui s'ouvre à nous, alors l'appréhension est là. C'est un bond dans l'inconnu, et nous ne connaissons pas encore l'issue de ce parcours.

En PMA, il y a plusieurs techniques de fécondation, la plus « simple » étant l'insémination artificielle : méthode qui consiste à introduire dans l'utérus de la femme, le jour de son ovulation, des spermatozoïdes préparés en avance. Elle peut se réaliser avec le sperme du conjoint ou par don de sperme – on parle alors d'IAD pour « insémination artificielle avec don de sperme ». L'insémination est moins lourde qu'une FIV.

Une FIV, c'est une fécondation in vitro, c'est-à-dire une fécondation en laboratoire, en dehors de l'utérus. Pour cela, on stimule la production ovarienne de la femme pendant une douzaine de jours grâce à des injections et des médicaments – le but étant que les ovocytes présents dans nos deux ovaires se multiplient et atteignent une taille acceptable, plus de vingt millimètres idéalement. On observe alors un jour sur deux, ou moins, la croissance des follicules et l'évolution des taux d'hormones. Dès lors, une échographie pelvienne et une prise de sang sont nécessaires. Une fois qu'il y a suffisamment d'ovules et à taille homogène, le gynécologue donne le top départ : la ponction ovocytaire peut être programmée. Elle se déroule sous anesthésie générale dans la grande majorité des cas, bien qu'on puisse demander à la faire sous anesthésie locale. Et ce n'est qu'au réveil que l'on découvre le nombre d'ovocytes récupérés.

Après ponction, ces follicules microscopiques sont mis en fécondation avec des millions de spermatozoïdes, recueillis le jour-même par l'homme. Cela varie bien sûr selon les techniques de FIV. Par exemple, on parle de FIV ICSI quand on injecte un spermatozoïde de choix dans chaque ovule, mais il y a bien d'autres options possibles.

C'est aussi le jour de la ponction que l'homme doit faire son recueil. « Recueil », cette expression me fait toujours sourire, c'est un peu la manière polie et médicale de dire « masturbation et éjaculation ». Même si j'admets que ce serait un peu long à écrire sur une porte d'hôpital.

Enfin, chacun son job, et on ne peut pas dire que l'homme a le plus difficile. Une fois le recueil terminé et la ponction ovocytaire effectuée, vient la mise en fécondation entre chaque ovule et spermatozoïde. Naturellement, un ou plusieurs embryons sont créés, et on en implante un ou deux quelques jours plus tard, ou même quelques mois, voire quelques années en cas de vitrification des embryons dans l'utérus, à l'aide d'un cathéter et d'une longue seringue spéciale. S'il y a vitrification, les embryons sont alors conservés dans une cuve d'azote liquide (à -196 °C) afin d'arrêter leur développement biologique. Il s'agit d'une véritable hibernation, qui garantit leur potentiel de développement futur. Cette technique est quand même incroyable : en novembre 2022, aux États-Unis, des jumeaux issus d'embryons congelés depuis 1992 ont été mis au monde, battant la durée de congélation d'embryons la plus longue !

Par ailleurs, les biologistes estiment que les embryons les plus propices à s'implanter dans la muqueuse utérine doivent être âgés d'au moins cinq jours (compter Jour 1 à partir du lendemain de la ponction). Par conséquent, dans de nombreux centres, la politique post-ponction est d'adopter une culture embryonnaire longue : on observe les embryons cinq jours durant, jusqu'à ce qu'ils deviennent ce qu'on nomme « blastocystes ». C'est après un rapport sexuel ordinaire non protégé qu'on estime que l'embryon quitte les trompes et migre dans la cavité utérine.

Bien sûr, il se peut malheureusement que les embryons obtenus en FIV n'aillent pas jusqu'à cinq jours (40 % des embryons, selon des études) et qu'ils se fragmentent bien avant, ce qui n'augure rien de bon pour la suite. Dans ce cas, s'il n'y a aucun embryon transférable, on le sait, toute la stimulation n'aura servi à rien. Et… il faut tout recommencer ! C'est pour cette raison que certains centres ont tendance à transférer précipitamment l'embryon après trois jours, phase appelée « stade de la segmentation ». Pari un peu risqué, car ces embryons sont forcément moins développés qu'un J5, et donc moins enclins à la nidation. Mais tout est possible puisque des femmes tombent enceintes avec un J2 ou J3. Le mystère de la biologie !

Peut-on faire mûrir un embryon au-delà de J5 ? Oui, dans certains cas, on peut aller jusqu'à J6, si les cellules de l'embryon à J5 ne sont pas encore suffisamment divisées. Mais très rarement au-delà, voire jamais, puisqu'un embryon est censé se développer dans un utérus, et pas en laboratoire ou, du moins, pas encore. Selon *The Daily Mail*, des scientifiques japonais ont assuré qu'il sera possible, d'ici 2028, de faire grandir des bébés exclusivement en laboratoire, mais c'est un autre sujet.

Enfin, pour le corps d'une femme, ces stimulations ne sont pas de tout repos, physiquement et émotionnellement. Une FIV demande beaucoup de médicaments, beaucoup de temps, et surtout beaucoup d'énergie.

Pour moi, au début, ça n'a pas été évident de tout comprendre et de tout réaliser avec brio. Il est en effet périlleux de trouver une infirmière quotidiennement à 19 heures pour te faire des injections. Alors je suis bien obligée de me débrouiller toute seule, sans aucune expérience. Pour ma première stimulation, je me suis dès lors trompée à plusieurs reprises sur les dosages à respecter, et au lieu de m'injecter le produit comme il faut, ce n'était que de l'air qui était passé à travers la seringue. Je m'en suis rendu compte après plusieurs jours, à mesure que le flacon ne se désemplissait pas.

Le corps devient une horloge : il faut se piquer le soir à heure fixe, aller au laboratoire très tôt pour faire sa prise de sang et vérifier les taux d'hormones, puis courir pour l'échographie. Il ne faut surtout rien oublier : aucune date, aucune heure, aucun médicament, aucun chiffre. Bonjour le stress ! Je voyais plus ma pharmacienne que mes propres parents. Sans évoquer les effets secondaires des injections : bleus sur le ventre, prise de poids parfois, irritabilité, bouffées de chaleur, extrême fatigue…

Ajoutons que toute notre intimité est passée au peigne fin, alors la pudeur, on peut oublier. Dans un tel parcours, il ne faut vraiment pas rougir de sa nudité. C'est simple, on passe le plus clair de son temps, nu. Littéralement. Notre sexe, nos seins, nos fesses, nos poils, nos vergetures, notre gras, notre cellulite, les moindres recoins de notre corps, toutes nos imperfections et tous nos complexes sont exposés. Sans oublier notre vie intime, qui n'est plus un secret pour les médecins : date du dernier rapport ? À quelle fréquence ? Rapports douloureux ?

Et quand c'est l'heure, c'est l'heure. « Alors, il faut le faire ce soir, et demain soir ! », nous dit-on.

CHEF, OUI CHEF !

Ce sont des ordres quasi militaires. À ce sujet, je n'ai donc plus aucun tabou. Au fil des années, j'ai souvent eu l'impression d'être plus un animal qu'un être humain. Je me suis surprise à soupirer dans le cabinet de spécialistes, lassée de me déshabiller en permanence. Toutes ces échographies, ces intrusions, tous ces contrôles étaient-ils vraiment nécessaires ? Je dois avouer qu'avoir une sonde dans le vagin cent fois dans l'année, et parfois dès huit heures du matin, c'est pas idéal pour l'estime de soi.

4 janvier 2018

Cela fait un an et demi que nous essayons de donner la vie, sans succès. Nous allons bientôt nous lancer dans la grande aventure PMA, et je crois que je n'ai pas encore digéré la nouvelle. Je suis triste et épuisée, irritable, sur les nerfs. Je me laisse aussi aller, physiquement. J'ai pris du poids, ces derniers temps. J'ai véritablement perdu une partie de ma joie de vivre, je le sens.

Une véritable faiblesse psychologique s'empare de mon être. Je me sens incapable, incompétente, inapte face à la nature. Je suis lamentablement vulnérable, comme l'impression d'avoir pris dix années dans la tête.

Je prends enfin conscience de ma fragilité, de mon impuissance d'humaine totalement banale, et c'est un sentiment de profonde détresse qui m'envahit, moi qui suis pourtant plutôt gaie de nature, et très forte, très dure, très sûre de moi. Voilà, je me retrouve désormais en état d'infortune, ramenée à ma condition de femme infertile. Je sais que mon innocence ne reviendra plus, désormais.

Mon incapacité à faire un bébé remet aussi en cause toute ma vie. J'expérimente alors des interrogations nombrilistes : « Pourquoi moi ? », « Je ne le mérite pas… », et le classique : « Dieu m'a-t-il abandonnée ? » C'est dur, car je suis croyante. J'ai toujours cette foi qui m'accompagne, et je ne comprends vraiment pas pourquoi l'univers m'inflige tout ça.

L'introspection est de mise : je me remémore tous les moments de ma vie, les choses que je regrette, celles un peu méchantes ou stupides que j'ai pu faire ou dire dans le passé. C'est bête, mais je me mets à haïr la peine que j'ai pu causer à quelqu'un, par exemple. Pourquoi ai-je agi ainsi ? Mais c'est une façon de me flageller. Souvent, j'imagine avoir été punie. Une culpabilité occulte idiote. Sommes-nous responsables de ce que nous subissons ?

L'aspect biologique de mon infertilité me plonge dans un abîme de questionnements interminables. Je souffre énormément de ne pas trouver de réponses, et je sais que personne ne peut me donner ce que j'espère. Je suis comme une toxicomane en manque, un manque de ce que je n'ai pourtant jamais eu : un bébé. C'est fou comme « une chose » que je n'ai jamais eue peut me manquer à ce point !

Ce désir d'être mère devient le sens de ma vie. Sans le bébé que je n'ai pourtant jamais porté, je me sens vide. C'est comme si on m'arrachait une partie de moi, une possibilité d'aventure, et une partie de ma féminité aussi. Suis-je une vraie femme si je suis incapable de porter et de donner la vie ? Enfin, n'est-ce pas là encore un concept inspiré de notre société patriarcale où l'unique but d'une femme est de procréer, seulement procréer ? Comme si la féminité avait un lien avec la grossesse, comme si nous n'étions pas vraiment femmes si nous n'étions pas capables d'enfanter…

Mais alors, pour quoi suis-je faite ? Quel est le sens de ma vie ? Quel est mon destin, si ce n'est d'enfanter et de me reproduire ? Ces questions peuvent paraître si désuètes, et pourtant, elles animent tellement d'âmes.

C'est par ailleurs à ce moment que l'on traverse notre première vraie crise de couple. Cela fait maintenant six ans que nous sommes ensemble avec Monsieur, et je crois que, pour la première fois, il doute. Il faut bien comprendre qu'un parcours d'infertilité ne se vit pas seule. C'est une épreuve de vie à deux. Les compagnons souffrent aussi de cette situation, même si certains – en réalité, la majorité – n'en parlent pas, car ils sont souvent mis à l'écart. Et pourtant, les hommes aussi sont attaqués dans leur masculinité, surtout quand l'infertilité vient de leur côté.

Enfin, là, c'était bien moi la cause de nos malheurs. Je croyais qu'il s'éloignait, et ça me brisait le cœur. Je sentais sa tristesse, ce futur tant rêvé, désormais assombri par un avenir flou. Allait-il m'abandonner car j'étais incapable de faire notre enfant, de créer notre famille ? Quelle pression.

La peur de l'abandon m'habitait sans cesse. Allions-nous faire partie de tous ces couples qui se quittent à la moindre embûche ? Allions-nous devenir une statistique de plus ?

Je ne le souhaitais pas. L'amour était présent, plus que tout. Il fallait que je me ressaisisse. Il existe en hébreu une expression que j'aime beaucoup : *Gam Zou lé Tova*. Cela signifie « tout est pour le bien ». Alors si tout est pour le bien, les événements finiront sûrement par s'arranger.

Il faut qu'on soit soudés avant la première FIV.

15 février 2018

Pas de bol, à trois jours de ma première ponction, je tombe malade : coup de froid. En plus, je réponds mal à la stimulation. Forcément, j'ai fait n'importe quoi dans les dosages. Mais notre gynécologue veut quand même faire l'opération, alors je ne résiste pas, après tout, je n'y connais rien.

Je passe au bloc, on m'endort, mais, comme je l'imaginais, les résultats sont extrêmement mauvais. Au final, pour cette première expérience, je n'obtiens que trois ovocytes. Deux embryons sont ensuite fécondés, mais ne tiennent même pas trois jours. Transfert donc annulé. Point positif néanmoins de cette première FIV : n'étant techniquement pas enceinte, je n'ai pas à subir les deux semaines d'attente, à me demander si l'embryon s'est bien accroché.

Je reprends donc mon train de vie, et espère que la prochaine fois sera la bonne.

Toutes les premières fois ne sont pas forcément magiques, et dans tous les domaines. Il faut donc garder espoir. Nous étions enfin lancés dans l'assistance médicale à la procréation, nous étions enfin aidés dans notre chemin de croix. L'espoir commençait à renaître. Je suis jeune, cela DOIT marcher. Il n'y a aucune raison pour que cela ne fonctionne pas !

J'aimerais vous dire que je ne mens pas sur le renouveau de cet espoir, mais les phases de déprime sont très présentes aussi. Les heures les plus sombres sont celles que je passe sur internet à chercher, à n'importe quel moment du jour et de la nuit, des explications plausibles à mes tourments. Je cherche tout et n'importe quoi, à vrai dire : je fais alors comme une boulimie d'informations. Je parcours des forums, les mêmes plusieurs fois, si bien que j'en viens à connaître des paragraphes entiers, et à être déçue de retomber sur les mêmes discussions. Je suis à la recherche permanente de « nouveaux problèmes » qui pourraient m'éclairer sur ma propre situation, de nouvelles personnes qui vivent la même galère que moi.

J'affrontais cette épreuve de femme, seule. Personne ne pouvait imaginer ma détresse. Personne ne s'y intéressait, personne ne la comprenait. Personne, ou presque, dans mon entourage, ne cherchait à ce moment-là à tomber enceinte. Certaines de mes copines, qui à l'heure où je publie ce livre sont mamans, n'étaient même pas en couple à cette période.

Alors, à qui en parler ? Qui pouvait saisir la complexité de mon épreuve ? Qui pouvait vraiment me consoler ? Qui pour répondre à mes interrogations ?

14 avril 2018

C'est parti pour la deuxième FIV. Cette fois, je change de traitement, et on obtient plus d'ovocytes : huit, pour être précise. Sur ces huit follicules, on obtient, là encore, deux embryons. Au troisième jour, ils sont de bonne qualité, mais le centre ne souhaite pas prolonger leur culture au cinquième jour. On décide donc de transférer les deux embryons ensemble, au stade de la segmentation, à trois jours de développement. Double chance, nous dit-on ! Cela peut donner des jumeaux, surtout quand on est jeune... Le rêve !

C'est donc la première fois que je vais faire une FIV complète, soit également un transfert frais d'embryons. Pour rappel, ma première FIV du mois de février dernier n'avait pu aboutir.

17 avril 2018

Rendez-vous à la clinique Pierre-Cherest à Neuilly-sur-Seine. Bien sûr, je peux compter sur le soutien de mon mari. La présence du compagnon est obligatoire pendant le transfert. On me demande à l'occasion d'avoir la vessie à moitié pleine, afin que le col de l'utérus soit plus accessible. Ce n'est pas vraiment confortable d'avoir envie d'uriner alors qu'on te triture l'intérieur de l'utérus. Mais c'est la prochaine étape. Le médecin doit déposer les embryons microscopiques au fond de la cavité utérine.

Enfin, ça ne se passe pas aussi facilement. Pince de Pozzi, contractions… On m'a pourtant dit qu'un transfert prenait à peine cinq minutes, et que l'acte était totalement indolore. Ce n'est pas DU TOUT le cas pour moi.

Docteur M. finit toutefois par y arriver. Ça y est, les embryons sont en moi, bien au chaud. C'est maintenant à la nature de prendre le relais. Plus qu'à espérer que les embryons atteignent le sacro-saint endomètre et s'implantent comme des gagnants. À ce stade, je n'ai rien d'autre à faire qu'attendre…

Mais, malheureusement, je sens très vite au fond de moi que c'est un échec. Et mes intuitions sont les bonnes… Quatorze jours plus tard, test de grossesse négatif. Prise de sang négative. Taux d'HCG inférieur à 5 UI/L. Je ne suis pas enceinte. L'hormone chorionique gonadotrope est en effet une hormone sécrétée par la femme enceinte et produite par le placenta, dès le sixième jour après la conception. Son taux doit augmenter (doubler puis tripler) au cours du premier trimestre de grossesse.

Rebelote le 7 juillet 2018

Troisième FIV. On reste sur le même traitement, que je supporte plutôt bien. Encore une fois, je n'ai pas été fortement stimulée car Docteur M. craint en permanence une hyperstimulation – une anomalie désignant une augmentation conséquente du volume des ovaires, celle-ci étant directement liée à une stimulation de l'ovulation. La plupart du temps, elle se manifeste par une gêne respiratoire, par des douleurs abdominales et par une augmentation du volume de l'abdomen. Enfin, pour ce troisième essai, on éclate les scores : onze ovocytes et quatre embryons. Mais une nouvelle fois, la gynécologue abandonne l'idée de prolonger la culture de nos quatre embryons, le risque étant, à son avis, qu'ils se fragmentent tous. Il est ainsi décidé de congeler nos quatre mini-bébés au troisième jour de leur développement. Car pour cette FIV, il n'est pas question de faire un transfert d'embryon frais, mais d'expérimenter le transfert d'embryon congelé : le fameux « TEC », afin d'apaiser le travail de mes ovaires, usés par la stimulation.

Par conséquent, un de nos quatre embryons devrait m'être implanté dans quelques semaines.

En attendant le transfert, je suis mise pour la première fois sous ménopause artificielle avec Decapeptyl 3 mg, analogue à une hormone naturelle, qui entraîne la libération d'hormones appelées gonadotrophines et qui bloque les ovaires. Cette piqûre intramusculaire empêche l'activité ovarienne pendant au moins un mois. Le but : ankyloser les lésions endométriosiques. Ce médicament se prend en effet très souvent en cas d'endométriose, soit sur une courte période afin de bloquer les ovaires avant une stimulation ovarienne et/ou une ponction, soit lors d'un traitement longue durée avant d'envisager toute suite à une PMA.

25 septembre 2018

L'été passé – les centres de PMA étant, de toute manière, souvent fermés en juillet-août –, vient donc enfin le jour du premier transfert de ma troisième FIV. À la décongélation, nos deux premiers embryons âgés de trois jours sont toujours de bonne qualité. Mais ce moment n'est jamais bien agréable pour moi. C'est affolant, alors que la plupart des femmes disent ne rien ressentir lors de cette étape si belle et importante qu'est le transfert, moi je vis cela comme un véritable calvaire.

D'ailleurs, ce deuxième transfert est plus long que d'habitude. C'est insupportable, je suis très contractée, un cauchemar ! Docteur M., paniquée, nous dit même qu'elle est sur le point d'abandonner car elle ne trouve pas le col de l'utérus, et qu'on risque donc de recongeler nos Findus ! Elle ajoute qu'elle n'est pas assez « expérimentée » et qu'elle a besoin de l'aide d'un collègue. Nous sommes consternés par ce manque de professionnalisme. Je me rends compte qu'elle me communique son stress et son manque de confiance, et nous avons l'impression d'être de vrais cas sociaux.

Finalement, après trente minutes interminables, elle parvient à placer les deux premiers embryons dans mon utérus caractériel.

Mais pour quel résultat ? J'ai tellement de contractions que je sens déjà que c'est fichu… Et je n'ai pas tort. Quinze jours après, le résultat est négatif. Taux d'HCG inférieur à 5 UI/L.

Je ne suis pas enceinte. Mes règles reviennent rapidement. Là, je commence à désespérer. D'autant qu'on doit attendre trois mois, selon Docteur M., avant le prochain transfert de nos deux potentiels futurs bébés.

Après plus de deux ans de noces, nous n'avons donc toujours pas de bébé, et l'entourage est bien là pour nous le rappeler. Tous ces gens qui insistent, lourdement. Cette pression sociale. Non, ce n'est pas une illusion ou une expression à la mode. Notre société n'est pas encore prête à se débarrasser du modèle de vie mariage + enfants. L'un ne va pas sans l'autre. C'est une sorte de consécration pour l'espèce humaine. Qu'a-t-on vraiment réussi si l'on est incapable de fonder une famille ? C'est ce que pensent la plupart des gens, et ce que j'ai longtemps pensé aussi.

Alors, bien sûr, quand le temps se fait un peu long, les questions et les affirmations des uns et des autres n'ont plus de limite :

« Ben alors, le bébé, c'est pour quand ? »

« J'aimerais bien être grand-mère, moi ! »

Ou carrément le : « Alors, ça y est, t'es enceinte ? »

Comme si cette information, qui leur semble capitale, allait changer leur vie. Comme si cela ne suffisait pas que je sois moi-même épuisée par mes propres questionnements… Je dois aussi faire attention à ce que les autres pensent, alors que je ne veux pas susciter le moindre doute.

Mais quel est ce plaisir vicieux qu'ont certaines personnes à vouloir savoir si tu as arrêté la pilule, si tu veux fonder une famille, ou si tu es en train de le faire ? Toutes ces réflexions font mal et sont encore plus gênantes quand elles émanent d'un cercle étranger, professionnel, par exemple. D'un patron un peu trop apeuré de devoir te remplacer… Mon ancien employeur, par exemple, qui à l'époque zieutait mon ventre comme une bombe à retardement. Puis je pense aussi à ce collègue, gentil mais simplement ignorant : « Ne perds pas ton temps, c'est maintenant qu'il faut les faire, les bébés ! C'est super de les avoir jeune. »

Sans blague ?! merci pour l'info. Merci beaucoup. C'est pas comme si je ne me donnais pas à cor et à cri dans ce projet. Et envisager que ça puisse être compliqué, il y a pensé ?

Mes réponses grotesques n'étaient qu'une manière d'esquiver le sujet par tous les moyens. À mes différentes rédactions, combien de fois m'a-t-on demandé pourquoi je n'avais pas encore d'enfant ?

Aux grands maux, les petits mythos :
« On n'est pas pressés. »
« Je pense d'abord à mon travail. »
« Je suis jeune ! »
« On verra. »
« Je ne sais pas, bientôt. »

A-U S-E-C-O-U-R-S

Non je ne suis pas trop jeune, non je n'établis pas un plan de carrière dans l'espace. Je ne veux juste pas parler de tout cela devant des inconnus. La question du bébé ne se pose pas en groupe. JAMAIS. Si vous souhaitez vraiment en savoir plus sur les désirs de maternité ou de paternité de quelqu'un, posez-lui cette question en privé, en toute bienveillance, et non lors d'une conversation de travail, autour de dix collègues qui vous regardent avec un air béat. Et évaluez votre degré d'amitié avec cette personne. Est-ce que vous la connaissez bien ? Est-ce que vos discussions se limitent au travail ? Mesurez le poids et les conséquences de votre question. Nul ne sait ce que chacun traverse, et à quel point cette question peut être humiliante et blessante. Je le dis car je l'ai vécu tellement de fois. Autant de fois qui m'ont brisée, au point d'esquiver avec panique et régulièrement les groupes de discussions amicales dans un couloir de travail, d'aller jusqu'à me lever quand il y avait un peu trop de monde et que je sentais que la conversation commençait à devenir trop « familiale ».

Je vous jure, elles existent toutes ces fois où je me suis sentie tellement mal de ne pouvoir répliquer à ces questionnements d'ordre privé, donc d'être incapable de respecter ce fichu schéma de vie imposé par notre société. Ce sentiment d'opprobre qui m'envahissait, et qui prenait de plus en plus de place dans ma tête et dans mon cœur.

En dehors du cercle professionnel, j'ai aussi droit aux réflexions de « potes » que je n'avais pourtant pas sollicités : « C'est quand que t'as arrêté la pilule ? Parce que, normalement, c'est six mois maximum pour tomber enceinte après l'arrêt. Bon, moi, tu sais, j'ai mis mon ex enceinte… Donc, ça sera facile. »

Mais oui mon ami, tu le mérites, ton prix Nobel de médecine… Enfin, à cette époque, je n'ai pas la force de répliquer intelligemment.

Je n'ai ni les armes, ni l'humour, ni l'énergie, ni le courage de me défendre. Encore une fois, seule la honte m'habite. Certes, je le sais, parfois certaines interrogations partaient d'un bon sentiment, mais je ne me sentais alors jamais assez en confiance, et je n'arrivais que très rarement à me confier. Car commencer à raconter son histoire, c'était aussi dévoiler une partie de son intimité la plus absolue. Et j'avais été trop souvent déçue pour donner ce bout de moi. Quand je commençais à raconter mes problèmes, certains se permettaient en effet des réflexions qui m'exaspéraient, vaine tentative de leur part d'expliquer l'inexplicable. Bien souvent, d'ailleurs, quelques-uns ramenaient tout à eux, et à leur propre situation. Ne pouvaient-ils pas juste écouter ? J'avais seulement besoin d'une oreille attentive, pas d'un avis médical ou d'une anecdote. Encore récemment, en parlant avec une amie, elle a cru bon de me dire : « Je sais que c'est compliqué, mais il faut que tu te détendes. »

Taisez-vous, en fait !

Certains tentent parfois de m'aider ou me rassurer, mais en réalité, ils me blessent davantage. Mes proches, par exemple, qui pendant longtemps n'ont jamais vraiment compris ma peine : « Comment c'est possible, ça ? Moi je suis tombée enceinte sans le savoir ! Ce n'était même pas prévu ! »

Heureusement que l'écriture est là pour me soulager.

J'ai très chaud, tout à coup. Je sue, mes lombaires me tiraillent. Elles arrivent. Je sens cette douleur grandir. Une douleur traître qui arrive à petits pas et qui profite souvent de la nuit pour surgir, tel un vampire assoiffé. Il est deux heures du matin, l'orchestre est en place, les *killer cramps* sont là. Je sais que je vais passer une mauvaise nuit. Une nuit horrible ! Je peine à trouver une position confortable, juste de quoi me soulager. Allongée sur le côté avec un coussin entre les cuisses, en position fœtale, la position la plus adéquate pour ces spasmes de l'enfer. Vainement, ça ne suffit pas. Je sens un monstre me dévorer de l'intérieur. Et je passe ma nuit à faire des allers-retours aux toilettes… Mais non, je n'aurais pas dû, c'est encore pire ! Dans la nuit noire, je me relève et cherche dans les placards, telle une pauvre camée, les yeux à peine ouverts, un calmant, vite ! Peut-être me restera-t-il un Spasfon, un Doliprane. Les deux ? J'en prends deux, trois, quatre… Je sais bien que je dois attendre quatre à six heures entre chaque prise, mais j'ai tellement mal que je réduis les durées. Les contractions sont trop intenses.

Il faut que je passe au stade supérieur : les anti-inflammatoires qui inhibent la libération des prostaglandines. À ce stade, je veux juste arrêter le massacre. Faire taire cette symphonie de coups de couteau. Alors, j'avale le comprimé. Enfin ! Le concert s'achève. Le médicament (ou tous les médicaments combinés ?) a complètement anesthésié les douleurs.

Je me rendors en peu de temps…

Voilà ma réalité. Ces épisodes durent en général le premier et le deuxième jour des règles. Et pourtant, je le rappelle, je n'ai qu'une « endométriose superficielle », c'est-à-dire que mes lésions sont infiltrées à moins de cinq millimètres sous la surface du péritoine. L'endométriose profonde, c'est plus de cinq millimètres. La douleur est vraiment propre à chacune. On m'a ainsi expliqué que certaines femmes peuvent avoir peu d'endométriose et des élancements atroces, comme moi, et d'autres une « grosse » endométriose et très peu de symptômes.

Fin octobre 2018, je décide de démissionner de mon travail de journaliste à la radio. Je suis complètement abattue. Je me mets en arrêt maladie. Je suis déprimée, vraiment déprimée, même si je ne le montre pas. Alors à cette époque, j'essaie de comprendre ce qui cloche, et je me cherche des boucs émissaires. Je me mets à croire que ce sont mes horaires décalés de journaliste qui sont la cause de mes échecs. Se lever très tôt, ce n'est peut-être pas bon pour le futur bébé ?

Évidemment, tout cela reste secret. À la rédaction, personne n'est au courant de mes problèmes. Je n'assume pas encore de vivre ce parcours. Je ne veux pas que les autres le découvrent, même si je pense que certains ont deviné. J'entretiens un rapport plutôt ambigu à tout cela. J'ai envie d'en parler tout le temps mais, dans le même temps, je refuse qu'on s'apitoie sur mon sort. J'ai horreur d'inspirer de la pitié. J'apprécie quand on me demande l'évolution des événements, mais je ne veux plus être au centre des discussions et donner trop de détails. Je ne veux pas non plus qu'on s'en mêle, car je dois aussi tout expliquer mille fois, et subir des réflexions qui me font mal.

Je vis donc toujours ma colère et ma peine, seule. Ce sentiment d'injustice qui me prend aux tripes. Cette haine que j'ai, contre moi, contre mon corps qui n'accepte pas de m'écouter. J'observe alors mes plus bas instincts, cette rage excessive que presque rien ne peut apaiser. Comme cette fois où, après avoir appris une nouvelle grossesse autour de moi, je me suis surprise à hurler seule en voiture sur le périphérique parisien. Hurler, j'en avais souvent besoin. La souffrance est telle qu'elle n'est pas partageable.

C'est bien plus tard, loin de la colère, que j'ai compris le réel sentiment que j'affrontais : la peur. La peur d'échouer. La peur de ne jamais devenir mère. La peur de ne pas pouvoir fonder une famille. La peur de voir toutes mes amies tomber enceinte avant moi. La peur d'être exclue. La peur de me faire abandonner par celui que j'aime. La peur de souffrir.

LA PEUR.

Voilà, j'avais enfin mis le doigt sur quelque chose. J'avais enfin compris une partie de mon mal-être. Il venait de mes angoisses et de mon profond mutisme. Je mentais, et quand je ne mentais pas, j'avais l'impression que les personnes qui étaient au courant ne me comprenaient pas. J'avais le sentiment de ne pas être « entendue ». Car rares sont ceux qui vous écoutent sincèrement, sans condescendance. Certains vous écouteront parler comme on écoute quelque chose à la télévision, à la radio, ou dans les haut-parleurs d'un supermarché. Mais je vous parle d'une véritable et sincère compréhension des choses. Comme lorsque vous essayez de comprendre un concept philosophique. Voilà, c'est comme ça que j'aurais aimé être entendue.

Beaucoup de personnes veulent se montrer compatissantes, et c'est tout à leur honneur, mais je ne sais pas si elles s'y prennent vraiment de la bonne manière. Dire à une infertile de « ne pas y penser », que « ça viendra quand ce sera le bon moment », « quand tu ne t'y attendras pas » ou, encore pire, cette fameuse injonction, « sois patiente ! », ne sert à rien.

« Alors, le moral, ça va ? » : c'est le genre de questions que j'aurais, par exemple, vraiment beaucoup aimé entendre de la part de certains amis… ou me demander où j'en étais dans mon parcours, ce que je ressentais… Mais je ne l'ai que très rarement entendu. Ça m'a blessée, c'est sûr, mais j'ai aussi compris pour qui je comptais vraiment. Aujourd'hui, j'ai beaucoup de mal avec les personnes qui ne parlent que d'elles et qui ne s'enquièrent pas de ce que les autres ressentent. Avec le temps, j'essaie de les repérer, mais je reste ce que je suis : un peu naïve, parfois.

Janvier 2019

Les trois mois sont largement passés, c'est enfin le jour J pour le fameux transfert de nos deux dernières frites. Bien que le souvenir du dernier TEC soit cauchemardesque, il nous reste donc une chance : nos deux derniers embryons, congelés à J3. Comme pour me rassurer, cette fois, notre gynécologue prend l'initiative de demander de l'aide. C'est un collègue à elle, plus expérimenté donc, qui fera le transfert.

Si l'initiative était bonne, cela n'a rien changé. Les spasmes se manifestent, comme à chaque transfert. C'est réellement douloureux. Et je suis sûre que c'est un mauvais présage pour la nidation. Après deux semaines d'attente, j'ai encore une fois raison. Sans surprise, c'est encore un échec. Test négatif. Taux d'HCG inférieur à 5 UI/L. Je ne suis pas enceinte.

Cela fait donc deux ans et demi que nous essayons d'avoir un bébé, plus d'un an que nous sommes en PMA. Nous sommes à trois FIV ratées, et trois transferts qui n'ont pas fonctionné. Pour un total de six embryons, soit six hypothétiques bébés qui ne verront jamais le jour.

Face à ces échecs répétés d'implantation, lassée par ce manque de vivacité des professionnels et de propositions alléchantes, je décide de changer de centre. À cette époque, la belle-sœur d'une amie me conseille un spécialiste à l'Hôpital Américain. Elle-même a suivi un parcours FIV, et s'il y en a bien un qu'elle considère comme Dieu, c'est son gynécologue. Tout cela me donne sacrément envie. Alors nous décidons de dire définitivement au revoir à Docteur M. et à son anxiété contagieuse.

28 février 2019

C'est surprenant mais j'obtiens très rapidement une consultation. Mon humain préféré m'accompagne, nous sommes toujours ensemble dans ce parcours du combattant. On se retrouve enfin en tête-à-tête avec le fameux Dieu, Docteur R., « le faiseur de miracles », celui sur qui je fonde tant d'espoirs. Étant donné le circuit un peu chaotique que nous traînons derrière nous, je me dois de synthétiser les choses pour ce nouvel interlocuteur qui n'est pas au bout de ses peines. J'ai préparé mon sujet, imprimé un joli texte en couleurs, avec tous les détails de mes anciens traitements et de nos échecs. Je suis prête pour l'exposé. C'est ma vie que je joue, littéralement.

Le rendez-vous est un monologue. Je l'abreuve d'informations, c'est une véritable autobiographie gynécologique. Je veux être sûre qu'il ait bien toutes les informations à sa disposition. Je parle, je parle, je parle… Mon soliloque débouche sur des blancs plutôt embarrassants. De son côté, notre nouveau médecin lit et relit mon dossier. Il semble réfléchir. Je m'impatiente. Je n'ai plus de temps à perdre, je veux des réponses, et vite.

Alors, que faire, docteur ?

Selon lui, il faut incontestablement régler ce problème de transfert, qu'il prend au sérieux. Il veut m'observer, faire un test « à blanc », c'est-à-dire sans embryon, juste pour voir ce qui cloche au passage du cathéter. J'acquiesce, évidemment. Aucun souci, mon corps est pour vous, « gygy », et pour la science ! Je suis prête, maintenant, là tout de suite s'il le faut, à me déshabiller. En fait, je crois que je suis prête à dire oui à tout. Ma désolation est à peine palpable, mais je dois me montrer calme, le test se fera dans quelques jours.

Ce jour-là, Docteur R. se rend visiblement compte que « quelque chose » gêne le passage vers le col de l'utérus. Le passage est sinueux, il faut retirer la « poussière » qui empêche la pénétration du cathéter. Ne me demandez pas, à ce jour, je n'ai jamais vraiment compris ce que c'était. Quoi qu'il en soit, l'opération chirurgicale est prévue quelques jours plus tard. Ce n'était peut-être que de la peau. Mais je suis tellement soulagée. Enfin, on prend des décisions, enfin on avance. Enfin, ça bouge, quoi ! Peut-être que le problème viendrait bien de là ? Facilitons ces satanés transferts, et tout ira pour le mieux.

Le moral revient, haut les cœurs !

28 mars 2019

L'opération se passe bien. Je suis confiante. On prépare donc une nouvelle FIV, prévue dans deux mois, en mai. Ce sera ma quatrième FIV, la première à l'Hôpital Américain. Quelques examens sont à refaire pour ce nouveau dossier. Oui, il faut toujours refaire de nouveaux examens, comme les spermogrammes qui doivent avoir moins de six mois. C'est lourd, chronophage, mais c'est le protocole. Tout doit être à jour : les sérologies de VIH, syphilis, hépatite. De nouvelles vitamines nous sont également prescrites.

21 mai 2019

Pour cette quatrième FIV, le traitement est le même que pour la stimulation précédente. On sait que ça fonctionne « bien ». Il faut toutefois gérer avec mon nouvel emploi du temps car j'ai repris le travail dans deux chaînes de télévision, en horaires du soir. Alors je prends mes précautions – chaque jour, je dois m'éclipser discrètement des salles de rédaction, vers les toilettes, pour faire mes injections. Je vous dis pas la galère… Comme je n'ai pas de surface plate pour effectuer le mélange du produit et que question hygiène, c'est pas l'idéal, je prépare souvent la seringue la veille, avec sa petite aiguille, et je les place dans une trousse isotherme. Une fois piquée, je ressors des toilettes, ni vu ni connu. Avec le recul, je ne sais pas s'il était vraiment permis de faire ça, puisque généralement le produit doit être injecté directement après le mélange…

Enfin, ce premier traitement à l'Hôpital Américain fonctionne bien. Tellement bien, d'ailleurs, que je fais une légère hyperstimulation pour la première fois. Mon ventre est énorme. Je crois que Docteur R. a sous-estimé ma capacité à produire des ovules. Mais au final, cette FIV est plutôt moyenne en termes de prélèvement : comme la dernière fois, onze ovocytes de ponctionnés pour neuf embryons, puis finalement seulement trois après culture. Étant donné mon état, le gynécologue n'est pas confiant pour un transfert immédiat. Il préfère reporter, et on part donc sur un nouveau transfert d'embryons congelés, prévu dans un mois. Encore une fois, nos trois embryons sont congelés à J3. On ne teste donc pas la culture longue – les fameux blastocystes. Je m'abandonne donc aux diktats de ce nouveau médecin et lui offre ma totale confiance.

N'est-ce pas celui que l'on appelle Dieu ?

En plus de l'écriture, qui est pour moi une vraie thérapie, ma boulimie d'internet ne cesse pas. Étant toujours dans une profonde solitude sociale vis-à-vis de mon infertilité, le seul moyen de me sortir de cette désolation, ce sont les forums. L'union fait la force, et je peux le dire aujourd'hui, ces forums m'ont sauvée. Oui, le web m'a permis de ne pas devenir folle, de faire sortir de mon esprit toutes ces questions qui me terrorisaient. Pour me rasséréner grâce à des parcours identiques au mien, je lis régulièrement les publications de ces centaines de femmes, qui parfois sont dans des cas extrêmes, même désespérés. Ça me fait un bien fou de voir que je ne suis pas seule. Je note toutes les recommandations médicales que j'entends ou lis, ici ou là. D'ailleurs, j'essaie presque tout : l'acupuncture, l'ostéopathie, la naturopathie, le yoga, et même l'hypnose. Pourquoi pas ? Toutes les médecines, même parallèles, sont les bienvenues. Je n'ai rien à perdre, si ce n'est quelques centaines d'euros.

En y repensant, je me dis que j'aurais quand même dû réfléchir avant d'aller voir quelques « spécialistes ». Comme cette psychologue dans le dix-septième arrondissement de Paris.

Au premier rendez-vous, je déballe mes soucis et évoque brièvement ma vie de famille. La psy fait pratiquer certains exercices, comme la technique d'associations de mots. C'est assez simple : à l'énumération des lettres de l'alphabet, le patient doit dire le premier mot qui lui vient à l'esprit : A comme « amour », B comme « bébé », C comme « couche ». Un exercice apparemment fréquemment utilisé dans les entreprises et qui viserait, dans mon cas précis, à dresser mon profil psychologique.

L'exercice commence…

Lettre A, je m'exclame : « Arbalète ! », du tac au tac.

La psy me regarde, interloquée. Cela pourrait-il indiquer un état de nervosité extrême ?

Elle évoque ensuite assez rapidement ma relation avec ma mère. C'est un aspect de ma vie que j'aborde peu, même avec mes amis. Ma maman, en situation de handicap lourd, est atteinte de sclérose en plaques, et, c'est vrai, j'ai longtemps secrètement pensé au début que cette maladie était inconsciemment la cause de mon infertilité. À vrai dire, j'étais persuadée en venant ici que la question de la filiation maternelle serait abordée… Les psys l'évoquent toujours.

La sclérose en plaques est une maladie neurodégénérative, auto-immune chronique, qui attaque le système nerveux central. Elle a fait perdre à ma mère l'usage de ses jambes, et elle est aujourd'hui en fauteuil roulant, incapable de réaliser des choses pourtant simples, au quotidien. Elle est immobilisée, et la maladie, depuis quelques années, se voit même au niveau de son visage. Elle fait des fausses routes, des névralgies… elle a aussi perdu sa voix, c'est assez effrayant. Dans ses jambes et ses pieds, le sang a du mal à circuler, ce qui leur donne une couleur bleuâtre. Cette sclérose en plaques a dévoré ma mère, petit à petit, comme un poison lent, jusqu'à la rendre complètement dépendante. Elle qui, dans sa jeunesse, était une lueur de vie, une véritable boute-en-train. Elle est tombée malade très jeune, à vingt-cinq ans. Le premier signe de la maladie fut une paralysie faciale qui a duré un mois. Un mois entier où tout le côté droit de son corps a été paralysé. À l'époque, les IRM n'existaient pas, et cette affection était encore peu connue. On lui a simplement dit qu'on observait un « ralentissement du flux nerveux » du côté droit de son cerveau. C'était bien le début d'une sclérose en plaques. Mais pendant dix ans, elle n'a eu aucun autre symptôme, jusqu'à différentes poussées sans conséquences vraiment visibles sur son quotidien.

Très tôt, en tout cas, j'ai compris que ma mère avait cette « chose » différente des autres. J'étais petite, mais je me souviens de tout. Elle était fatiguée et dormait souvent en plein après-midi, chaque jour. Elle se trouvait dans un état d'épuisement omniprésent. Une réalité qui contrastait avec son fort tempérament, énergique et joyeux. Quand j'étais enfant, elle était par exemple toujours à la recherche de choses à faire pour nous éclairer et nous ouvrir au monde, des loisirs en tout genre : voyages, pièces de théâtre, expositions, activités sportives, ateliers pratiques…

J'ai donc vécu les quinze premières années de ma vie avec une maman « normale », qui marchait, qui pouvait m'emmener à l'école, au conservatoire, chez mes amis, et avec qui on voyageait beaucoup. Pendant longtemps, la situation ne s'est pas trop dégradée, mais elle savait que ça ne tarderait pas… Je l'entendais souvent dire, avec une certaine résilience, qu'elle finirait dramatiquement sa vie en fauteuil roulant. Avec le temps, ses propos sont devenus un peu plus réels.

Pendant dix ans, par ailleurs, un jour sur deux, ma mère devait s'infliger des piqûres de Bétaferon, un médicament qui permet de ralentir la progression de la sclérose en plaques. Injections qui lui provoquaient d'énormes bleus sur le ventre et les cuisses. Si je vous donne tous ces « détails » si importants pour moi, et si je les livre aujourd'hui, c'est parce que ces piqûres restent dans ma mémoire comme un souvenir douloureux et traumatisant. J'y ai repensé, à vrai dire, en faisant toutes ces stimulations pour les FIV.

Ma mère a fini par arrêter son traitement, et tout a basculé lors de mon entrée au lycée. Très vite, la sclérose en plaques s'est installée plus durablement, férocement, et c'est tout le côté droit de son corps qui s'est retrouvé de plus en plus paralysé, vingt ans après sa première poussée. Elle perdait considérablement le contrôle de sa jambe droite. Au début, elle se servait simplement d'une canne, ce qui pour moi était synonyme de vieillesse. Adolescente, c'était dur à voir et à vivre. Elle allait vite, toujours très vite. Elle risquait de tomber, elle le savait, et à cette époque, ses chutes étaient régulières. Mais elle s'en fichait. Elle se sentait comme invincible, elle ne faisait pas attention, et ça m'affolait de l'imaginer tomber. Si elle tombait, j'avais honte. Et honte d'avoir honte.

Le fait de la voir dans le déni – à mon sens – était très dur. On avait tous tellement peur qu'elle chute, et qu'elle meure, littéralement. C'était pourtant visible, flagrant, qu'elle ne pourrait plus jamais retrouver l'usage de ses jambes. Et en même temps, elle était résignée, savait justement qu'elle se retrouverait en fauteuil roulant un jour ou l'autre. Alors, avec le temps, j'ai compris que son côté aventureux était peut-être un moyen pour elle d'en profiter encore un peu, que tomber lui prouvait peut-être qu'elle était encore en mesure de garder le contrôle de ses déplacements. « Je pense donc je suis » devenait : je tombe donc je marche…

Je comprends tout ça aujourd'hui.

C'est assez terrible, mais, depuis qu'elle est en fauteuil roulant, je crois que mon père, mon frère et moi-même sommes plus rassurés. Car elle ne risque plus vraiment de tomber. Il n'est pas évident de voir une personne qu'on aime en train de se dégrader, et d'être, de son côté, totalement impuissant. Je pense que toute cette situation m'a fait mûrir très vite, car la maladie se vit aussi en famille. J'ai ainsi souvent été triste de ne pouvoir vivre avec ma mère certaines choses, dans ma jeune vie d'adulte encore embryonnaire – trop compliquées à organiser avec elle : le choix de ma robe de mariée, par exemple. Cela paraît dérisoire, et pourtant… À l'époque, j'avais eu un coup de cœur pour une boutique, mais elle était à l'étage, sans ascenseur, alors complexe pour elle de m'accompagner. Quand j'ai vu plus tard toutes mes amies choisir leur robe en compagnie de leur mère, je me suis sentie lésée.

Tout cela n'a au premier abord rien à voir avec la PMA, et pourtant, loin de jouer sur mes échecs, je pense en revanche que mon sentiment d'impuissance à l'époque – qui perdure toujours un peu – a fait ce que je suis devenue aujourd'hui, et la raison pour laquelle j'ai autant de mal à lâcher prise dans certaines situations, et particulièrement dans ce parcours si complexe. Ma mère, je voulais tellement l'aider, mais j'en étais incapable. Je voulais tellement être enceinte, et j'en étais incapable. Mais je devais enfin l'admettre : dans les deux cas, je n'étais pas responsable.

Enfin, revenons-en à la psy des Batignolles, qui semblait avoir toutes les réponses à mes questions, sans pourtant connaître un ersatz de l'histoire que je viens de vous raconter. Elle ne m'a pas demandé de me livrer sur mes sentiments, mais a enchaîné sur des questions assez déroutantes à mes yeux : « Votre mère vous a-t-elle désirée ? »

En fait, pour elle, ma chère maman ne m'avait pas voulue, et c'était donc pour cette raison que je n'arrivais pas à tomber enceinte. C'était une de ses théories, qu'elle devait probablement calquer sur toutes ses patientes en PMA. Concrètement, selon elle, le « blocage » de ma fertilité était lié à ma conception, déjà, dans le ventre de ma mère.

L'analyse ne m'a pas convaincue. J'ai quand même payé 220 euros, et je suis partie.

21 juin 2019

L'heure est enfin venue pour le fameux transfert de nos deux premiers petits embryons. Le troisième restera au froid. Après l'opération de mars dernier, normalement, ce transfert devrait être beaucoup plus simple à réaliser. Je suis sereine, mais pas totalement.

J'ai tort, car il est effectivement beaucoup plus rapide que d'habitude ! Même si quelques gênes persistent, c'est déjà ça. Peuvent alors commencer les deux semaines d'attente. Elles sont laborieuses. Ce sont toujours les montagnes émotionnelles, et je suis à l'affût du moindre symptôme de grossesse. C'est absurde : je suis tellement droguée aux hormones qu'il est impossible, en soi, de détecter le moindre signe, ceux de la grossesse se confondant avec les effets de la progestérone ingérés depuis dix jours, ces ovules à prendre par deux, deux fois par jour par voie vaginale, et qui faciliteraient la nidation. Je suis donc épuisée aussi physiquement que nerveusement, comme si j'étais enceinte. Alors, comme à chaque fois, je fais un test de grossesse avant le jour de la prise de sang, comme pour m'assurer de voir un taux positif. J'en ai toujours en réserve, « au cas où ». Et puis je préfère lire que c'est potentiellement négatif sur un test que sur une feuille de papier du laboratoire. Je veux toujours garder le contrôle…

Mais le test est… négatif. Encore une fois. Pourtant, je veux y croire, c'est peut-être un faux négatif ? Je sais que ça existe ! Je vais jusqu'à récupérer le test plusieurs heures après dans la poubelle pour vérifier qu'il n'y a quand même pas deux barres apparues comme par magie. Mais non, c'est bien négatif. Je dois, malgré tout, faire la prise de sang. Alors, est-ce que ce troisième transfert a marché ?

Négatif. Taux d'HCG inférieur à 5 UI/L. Je ne suis pas enceinte. Encore un échec.

4 octobre 2019

Je ne lâche rien. Même si c'est dur, même si c'est long, même si ça fait déjà plus de trois ans que je lutte. Après tout, je n'ai pas fait tout ce parcours de la PMA pour rien. On passe au dernier TEC, de notre seul embryon restant.

Transfert très rapide, pas de douleur. Il y a de l'amélioration. Amélioration qui se soldera toutefois… par un nouveau revers. Mon taux d'HCG est en dessous de 5 UI/L. Je ne suis pas enceinte.

Je suis dépitée. Je ne peux pas finir l'année 2019 sans bébé, quand même ! J'aurai ce bébé, coûte que coûte ! Et ce n'est pas juste une façon de parler. Car si la fécondation in vitro dans cet Hôpital Américain coûte une fortune, c'est à nos yeux le prix à payer pour réaliser le rêve de notre vie.

5 décembre 2019

Une nouvelle FIV est prévue. Numéro cinq.

Toujours le même traitement, et là, un nouvel exploit ! Treize ovocytes pour neuf embryons. Toujours ce chiffre. Pour la première fois depuis le début de notre parcours, on décide par ailleurs de tester tous les embryons en culture longue, jusqu'au stade de blastocyste. À nos risques et périls. Oui, neuf embryons, c'est beaucoup, mais on doit tenter. De toute façon, si aucun ne va au-delà de J5, c'est certainement qu'aucun n'aurait pu s'implanter à J3.

Au total, seul un embryon résiste, et n'est pas de bonne qualité. Cependant, on décide de faire le transfert de ce seul potentiel futur bébé en janvier 2020, soit un mois après la ponction. Quinze jours plus tard, toujours la même rengaine, les montagnes émotionnelles… toujours ce fichu test négatif récupéré dans la poubelle trois heures après, toujours ces forums parcourus vainement.

Taux d'HCG inférieur à 5 UI/L.

JE NE SUIS PAS ENCEINTE.

J'ai à présent vingt-sept ans et ça fait trois ans et demi qu'on essaie d'avoir un bébé. Sur trois ans et demi, j'aurai donc subi cinq FIV, pour un total de dix embryons transférés, dix petits poissons qui n'auront pas réussi à se nicher au fond de moi. Dix bouts de nous partis en poussière.

Je vis une période au cours de laquelle je perds par ailleurs beaucoup d'amis. Enfin « amis », c'est vite dit. Que dire de ces couples à peine mariés qui, bizarrement, du jour au lendemain, ne souhaitaient plus nous adresser la parole ? Des gens qui me jugeaient, des gens qui s'imaginaient que je pouvais leur souhaiter du mal car j'étais, moi, dans une situation inconfortable. Je me souviens encore du mari d'une de mes anciennes meilleures amies – le fameux prix Nobel de médecine ! Un jour, il nous raconte qu'il n'aime pas sa mère adoptive, qu'elle a été maltraitante dans son enfance, et nous la dépeint réellement comme une mauvaise personne. Pour lui et mon ancienne amie, si cette femme n'avait pas pu avoir d'enfants naturellement, c'était très certainement un « signe ». Un signe de la vie : l'univers, ou une obscure force supérieure, ne souhaitait certainement pas qu'elle ait un bébé. Une hypothèse affolante : mon ancienne meilleure amie me dit alors ces mots, que je n'ai jamais oubliés : « La nature est bien faite. »

Je suis une personne sensible, un peu trop, alors à ce moment de ma vie, je me remets moi-même en question : est-ce que moi non plus je ne méritais pas d'avoir d'enfants ? Est-ce que moi aussi je risquais de devenir une mère horrible, alors que chérir un petit être était bien la chose que je désirais le plus au monde ? Est-ce que mon infertilité était « un signe » ?

Eh bien, tenez-vous bien les amis, j'ai un scoop : non.

Non, non, non, bien sûr que NON. Aucune femme qui subit cette épreuve n'a à douter. Parce que non, la nature n'est pas forcément bien faite. Parce que non, beaucoup de parents parfaitement fertiles mettent au monde des enfants pour les abandonner, les battre ou les mettre au frigo. Et que dire de ces enfants qui naissent avec des maladies rares ou génétiques ? Combien disparaissent avant même de savoir parler ou marcher ? Avaient-ils aussi mérité leur sort ?

Non, la nature n'est pas « bien faite », parfois.

Il y a des mots qui m'ont fait plus de mal que d'autres. Pas parce que c'était la vérité, mais parce que c'était absurde, à mon sens. Vous connaissez ce concept de « mauvais œil », j'imagine ? Avoir peur de raconter les choses positives qui peuvent arriver dans la vie à des gens qu'on aime – et qui sont censés nous aimer – par peur d'être jalousé ou envié, voire maudit ! Le « mauvais œil » c'est quelque chose, au sein de certaines communautés, qui relève selon moi d'une paranoïa un peu mystique, et que je n'arrive pas à expliquer. Et je trouve que cela amène à une certaine forme d'exclusion de l'autre.

Dans un autre registre, j'avais une amie en essai bébé, comme moi à l'époque, qui me parlait énormément de son projet de vie. Je m'étais beaucoup rapprochée d'elle, jusqu'à ce qu'on se retrouve à un dîner avec son mari. Alors qu'on discute des différents examens de la PMA, son mari m'a tout de suite arrêtée, en disant que je « déprimais » sa chère et tendre. Et pourtant… Combien de fois avais-je dû, au contraire, rassurer cette amie ? Pensait-il que l'infertilité était contagieuse ? Curieusement, nous n'avons plus jamais revu ce couple après cette soirée. Et finalement, cette fille est tombée enceinte peu de temps après. Elle m'annonça sa grossesse au détour d'une conversation WhatsApp, avec un émoji de femme enceinte. Elle qui était si proche de moi… Puis, après l'annonce de sa grossesse, il y a eu le coup de grâce : « Et toi ? Peut-être que tu y penses trop, aussi ? »

3 février 2020

Nous rencontrons en ce début d'année une biologiste très réputée à l'Hôpital Américain, Docteur E., qui n'a pas l'air de plaisanter avec l'infertilité. Une chose que j'apprécie : dans son cabinet, elle prend le temps de parler avec nous, et nous pose beaucoup de questions. Elle suggère que mon mari et moi perdions du poids et prenions de nouvelles vitamines. Je dois aussi, encore, repasser d'autres examens. C'est difficile à accepter, étant donné la taille de mon dossier médical qui fait déjà le poids d'un micro-onde. Mais si ça peut compléter certaines informations…

J'ai ainsi rendez-vous dans le cabinet d'une gynécologue réputée qui pratique les hystéroscopies, examen que j'ai déjà effectué par deux fois dans le passé. Concrètement, l'hystéroscopie (à ne pas confondre avec l'hystérographie) permet de visualiser l'intérieur de l'appareil gynécologique grâce à l'introduction d'une mini-caméra dans le vagin puis au travers du col de l'utérus, jusqu'à la cavité utérine. D'ordinaire, on fait cet examen avant un transfert d'embryon, ou pour vérifier qu'il n'y a pas de pathologie gynécologique spécifique, ou encore pour confirmer une adénomyose.

17 février 2020

Je dois donc refaire une hystéroscopie, dont je n'ai pas gardé de bons souvenirs. Mais il est notoire que la gynécologue qui va me faire l'examen est « très douce » et ne fait aucun mal. L'examen commence. Je suis détendue.

Visiblement, je crois que je n'ai pas retenu les leçons de la PMA. Être trop détendue, ce n'est pas bon !

La douleur me transperce, encore une fois. L'insertion de la caméra me brûle l'utérus, j'ai l'impression qu'un animal féroce est en train de l'engloutir. Cela ne dure que quelques minutes, mais je vis ce moment comme une éternité. Une baignade dans les rives du Styx aurait été plus agréable. La gynécologue prend son temps, me raconte même sa vie pendant l'examen, alors que je suis à l'agonie. Mais je garde le silence, et jusqu'à la fin… Finalement, il n'y a rien à signaler.

Je me rhabille enfin, et les contractions s'atténuent. Mais je me sens si mal. Psychologiquement, ça ne va pas du tout. Je suis au bout du rouleau. Je suis tellement triste. Je suis assommée, et je sens ce chagrin indicible peser sur mes épaules. Les larmes montent, je sens une chaleur vive dans ma tête. Je tente de ravaler tout cela. Je reste forte, le temps de quelques minutes. Puis la doctoresse me tend une règle et me demande de noter la douleur de l'examen, sur une échelle de 1 à 10. Sans détour, je pointe le 9. Je reste bien élevée… 10, c'est parce que je ne suis pas morte. Elle me regarde et n'en revient pas, comme si elle et ses doigts de magicienne avaient été insultés. Et, je rêve, elle commence même à douter de mon constat, et à me sermonner : « Sérieusement, vous avez eu mal à ce point ? »

Ça y est, je pleure pour de bon. Ces larmes arrivent alors que je suis au paroxysme de mes tourments, dus à ces agressions endurées depuis tant d'années. C'est le comble, elle me gronde ! J'aurais dû l'« alerter », me dit-elle. Je lui réponds que je souhaitais simplement qu'elle finisse son travail. Je veux tellement réussir, je suis prête à tout subir. Ne l'a-t-elle pas compris, avec des cas désespérés comme le mien, ne l'a-t-elle pas compris, cette dame qu'on m'a vendue comme experte de l'infertilité ?

J'en ai vraiment assez. Marre de cette violence pour avoir un bébé, alors que cela devrait être la plus belle chose au monde. Marre que le monde entier ait un accès aussi illimité à mon anatomie. Marre de me déshabiller devant des inconnus. Marre de subir tous ces chocs, toutes ces intrusions. Marre d'être en galère depuis si longtemps et de ne pas comprendre pourquoi. Marre de voir d'autres bécasses à peine casées tomber enceinte si facilement. Marre de voir des femmes de 45 ans y arriver et pas moi. Marre d'être incomprise. Marre de ne pas pouvoir tout le temps compter sur le soutien d'une amie. Marre de ne toujours pas être enceinte. Marre de ne pas avoir mon enfant. Marre de ne pas construire ma famille.

5 mars 2020

Nous retrouvons Docteur E. La biologiste pense que mes ovaires ont pris un sacré coup avec toutes ces FIV, ces hormones de stimulation prises sans proportion aucune, et estime qu'il est temps pour eux de se reposer quelque temps. Elle me recommande Decapeptyl 11,25 mg. Je vous en ai déjà parlé. Il y a différentes sortes de Decapeptyl, pour des durées plus ou moins longues. Cette fois, la ménopause artificielle doit faire son effet non pas un mois, mais trois. Cela va forcément calmer les inflammations liées à l'adénomyose. Ça m'embête encore d'attendre trois mois, mais est-on vraiment encore à ça près ? Alors je décide de subir, encore et encore.

11 juin 2020

Insomnie. Bouffées de chaleur. Irritabilité. Nausées. Mal de tête. Migraines. Ce sont les effets secondaires du Decapeptyl 11,25. Je suis une femme de vingt-huit ans dans le corps d'une femme de soixante. J'ai l'impression d'être une cocotte-minute qui risque d'exploser à tout moment. Mais je DOIS le faire. Je dois supporter tout ça pour obtenir ce que je désire le plus au monde. Je passe donc tout l'été à suer pour la bonne cause.

8 septembre 2020

Une nouvelle ponction est programmée. Sixième FIV. Même traitement, avec des vitamines en plus. Sept ovocytes ponctionnés, soit moins que la dernière fois. Culture prolongée adoptée. Et c'est inédit… nous obtenons deux J5 et un J6 ! Pour la première fois depuis le début de notre parcours, nous obtenons des blastocystes de bonne qualité, qui se sont bien développés au-delà de leur troisième jour de développement ! Je suis si contente de cette progression ! Alors pour optimiser les chances et reposer mes ovaires au vu du TEC, je repasse sous Decapeptyl 3 mg. Traitement de la biologiste…

3 novembre 2020

Transfert des deux J5. Les deux blastocystes sont enfin en moi. L'acte est très facile, sans aucune douleur, certainement le meilleur transfert de toute ma vie. Mais je dois attendre encore deux semaines pour savoir si ça a marché. Comme d'habitude, je guette le moindre signe de grossesse, et je m'affole à n'importe quel symptôme. Tantôt optimiste, tantôt pessimiste. Souvent, les pensées négatives l'emportent sur le positif, et je suis quasiment sûre que c'est perdu… Alors je fais deux tests de grossesse, à deux jours d'intervalle, pour être fixée.

Négatif.

Puis toujours cette obsession de la poubelle. Rien n'y fait, ils sont bien négatifs. Bon, au moins c'est clair. Ça y est, c'est fini. Nous avons encore échoué. Mais je dois quand même faire la prise de sang, puisqu'il le faut (les centres de PMA l'exigent), histoire de bien remuer le couteau dans la plaie. Et comme je n'ai pas envie d'attendre encore trois jours de plus, je m'y rends quelques dizaines d'heures avant.

Texto du Labo quelques heures plus tard.

Vos résultats d'analyses du 13 novembre 2020 sont disponibles 30 jours sur Internet.

Je me connecte, la boule au ventre. Cette impression que tout se joue, là, dans les secondes qui vont suivre. Mais pourquoi je me mets dans cet état, alors que les tests de grossesse sont négatifs ?

Les résultats sont là : taux d'HCG à 11 UI/L.

Je n'en reviens pas. Pour la première fois de ma vie depuis quatre ans, j'ai un taux POSITIF. Je suis visiblement enceinte, même si le taux est vraiment très, très bas. J'en ai conscience, mais ça a fonctionné, c'est un début. Pour la première fois, nous ne sommes pas en dessous de 5 UI/L ! Il faut que je garde mon calme, mais j'appelle tout de suite le gynécologue. Il me dit que c'est un bon taux, pas d'inquiétude… Bizarre. Je regarde tous les fameux barèmes que je trouve sur Internet, et j'épluche tous les forums. *Enceinte avec un taux à 11 UI/L à J9 post-transfert ?*, telle est ma question de fille désespérée posée sur le web. Je cherche des témoignages rassurants, mais certaines filles indiquent qu'à J9 post-transfert elles étaient déjà à 30, ou à 50, voire à 120 UI/L… Je veux quand même y croire. Ce taux est censé doubler dans les 48 heures. Je dois retourner le surlendemain faire une prise de sang. En attendant, le 14 novembre, je fais un test de grossesse sensible à 10 UI/L. Il est négatif. Aïe…

Je m'impatiente tellement, mais je dois attendre, toujours et encore. Je fonde tellement d'espoirs dans ce petit papier qui m'annoncerait un joli taux. Je crois sincèrement être enceinte, à ce moment-là.

Mais les illusions se dissipent rapidement. Le 15 novembre 2020, à J11 post-transfert, le taux est redescendu à 9 UI/L. Il n'a donc pas doublé.

Je n'attends aucun bébé. Je ne suis pas enceinte.

C'est un coup dur, mais moins que je l'imaginais. Étrangement, je vois immédiatement le positif, car c'est à mes yeux un premier signe de développement possible. Je revois donc vite la biologiste pour tenter de comprendre ce qu'il s'est passé : j'ai fait ce qu'on appelle une grossesse biochimique, soit une « fausse couche » hyperprécoce. Selon elle, le Decapeptyl aurait donc bien fait son effet, à la fois pour les blastocystes obtenus, et pour ce semblant de grossesse. Même si nous n'avons pas pu aller au bout. Cette biologiste me donne envie de me battre.

Il nous reste donc, à ce jour, encore un embryon, notre J6, qui sera transféré tout seul dans moins d'un mois. D'ici là, je dois attendre mes règles. J'appréhende ce moment car mon endomètre est suralimenté en progestérone – comme toujours après chaque transfert, rappelons que cette hormone permet la nidation de l'embryon, et fait grossir l'endomètre. Alors quand viennent les règles, sous le poids des progestatifs, il y a beaucoup plus de tissu utérin, donc de sang, et les douleurs sont forcément plus fortes. Je suis préparée au pire.

Chaque annonce de grossesse est un nouveau coup de poignard. Chaque fois, mon cœur est littéralement fendu en deux. Fascinant, comme le cœur est lié à l'esprit. J'éprouve un sentiment terrible d'envie et de tristesse, mêlé rapidement à la culpabilité de ressentir tout ça. C'est d'autant plus dur à vivre que je ne suis de nature ni jalouse ni envieuse. Tout ça n'a jamais fait partie de mon tempérament. Pourtant, je dois bien l'admettre : je suis devenue ce que je détestais le plus. Le pire, c'est que je n'envie pas du tout ces filles pour ce qu'elles sont, ni leur physique, ni leur personnalité, ni leur intelligence… J'envie leur bonheur, leur utérus en parfaite santé, leur sérénité, leur absolue ignorance et désintérêt de l'infertilité. Leur bonheur si éclatant, je le comprends car je ne demande qu'à le vivre, tellement fort.

J'ai encore davantage de rancœur contre celles qui se considèrent comme « galériennes », alors qu'elles n'ont finalement rien vécu, à mon sens. Les filles qui estiment avoir trimé parce qu'elles ont attendu à peine quelques mois avant d'être enceintes m'énervent au plus haut point.

Les annonces sur les réseaux sociaux, c'est très violent pour moi. C'est pire que tout. Plus rude encore quand je vois qu'il s'agit de jeunes couples qui se sont rencontrés bien après nous, au moment où on essayait déjà d'avoir un bébé. J'assiste en effet au mariage de ces personnes, un défilé d'amours naissants qui me semblent parfois si peu profonds face au combat que l'on mène de notre côté. Et je vois ces gens s'enjailler d'une heureuse grossesse, en temps voulu. *Blessed be the fruit.*

Il me reste en mémoire le souvenir de cet instant passé chez des amis de mon mari. Ils venaient de nous annoncer qu'ils allaient devenir parents. Un coup dur encore une fois, pour moi. Mais l'engrossée, à peine épousée, se lamentait d'avoir mis six mois à tomber enceinte : « On a galéré, quand même ! » Je suis restée stoïque. Connaissait-elle vraiment la définition du verbe qu'elle venait d'employer ? J'étais révoltée.

Sérieusement ! Tant que tu n'as pas passé d'examens au moins une bonne centaine de fois, que tu n'as pas souffert d'intrusions vaginales tout autant de fois, et que ton dossier médical ne fait pas la moitié de la taille du Code pénal, nous ne pouvons définitivement pas t'inclure dans la catégorie des meufs qui galèrent.

J'ai souvent rêvé de dire tout ça. Mais non. Je me suis contentée d'un classique « Félicitations ! » Je suis dure mais, finalement, les annonces de grossesse que « j'acceptais » et pour lesquelles je me réjouissais sincèrement venaient de femmes qui avaient à peu près la même histoire que moi, celles qui avaient connu les longs parcours PMA ou les multiples fausses couches et autres drames. D'ailleurs, cette expression, « fausse couche », m'a toujours interpellée. Car il n'y a rien de faux dans une grossesse, même si elle a été de courte durée, même si elle a existé seulement quelques jours ou quelques semaines. « Fausse couche » semble réduire à néant l'expérience vécue par les femmes, comme si ce qu'elles avaient traversé n'avait jamais existé.

Enfin bon, c'est peut-être stupide et délirant, mais toutes les autres grossesses m'exaspéraient. En réalité, je crois que j'avais besoin de basculer ma peine sur quelqu'un, et ces filles innocentes étaient de parfaites cibles au quotidien. Clairement, je m'en voulais de ne pas faire partie du gang, celui des photos de bébé à montrer.

Des résultats d'examens, des tests de grossesse négatifs, des restes de seringues, des comptes rendus de sérologies, ça oui j'en avais à revendre, j'étais même première en la matière. Mais je vous le concède, c'est bien triste en regard de toutes ces effusions de joie dans la vie rêvée des couples fertiles.

Il n'y a de toute façon aucune « bonne » manière d'annoncer une grossesse à des filles en parcours PMA. Toutefois, j'ai un conseil si vous avez une amie infertile : surtout, ne pas l'annoncer en début de journée. Mieux vaut apprendre la nouvelle le soir que le matin. Ruminer toute la journée en pensant à ses propres échecs, c'est pas très cool. Effectivement, j'ai compris plus tard pourquoi j'avais tant de mal à digérer ces annonces. Tout simplement car elles étaient le reflet de ma propre défaite, ce miroir qui me ramenait sans cesse à ma condition. Voici pourquoi je n'aimais ni entendre parler de grossesses, ni voir de femmes enceintes.

C'est curieux, car parallèlement, j'avais des tendances furieusement masochistes : paradoxalement, je cherchais souvent à savoir pour qui ça avait fonctionné, alors que je savais pertinemment que ça allait me piquer. J'étais devenue un radar à grossesse. Complètement toquée, la fille.

Je grattais jusqu'à ce que je trouve quelque chose qui me blesse, quelque chose qui puisse justifier mon courroux. Inconsciemment, je souhaitais peut-être garder le contrôle sur quelque chose, étant donné que j'avais déjà perdu celui sur tout ce en quoi je croyais et avais de l'espoir.

J'avais aussi particulièrement horreur qu'on me dise : « Je n'étais pas sûre de vouloir te le dire… » Qu'est-ce que cela signifiait ? Que j'étais trop fragile pour l'entendre ? Tôt ou tard, je l'aurais su, de toute façon. Me cacher les choses, ou tenter de me les cacher, m'irritait encore davantage. Je me sentais marginalisée car je souhaitais moi aussi être dans la confidence, tout connaître, tout savoir, tout entendre.

Pourquoi renier ces sentiments de colère et d'injustice ? Pourquoi tout ravaler et enfouir ces sentiments humains qui, finalement, ne faisaient qu'augmenter ma culpabilité et me ronger les sangs ? Par peur d'être jugée ? D'être traitée d'aigrie ? Mais je l'étais déjà, aigrie, de toute façon. Comment ne pas l'être après tant d'années de lutte, quand certaines tombent enceintes en claquant des doigts ? Cela fait-il de moi une mauvaise personne ? L'envie est-elle forcément une « mauvaise » chose ? Comment se débarrasser de l'envie ? Peut-on envier de la bonne manière ?

Je ne souhaite pourtant aucun mal. Je sais très bien que ces utérus sur pattes n'ont absolument rien à se reprocher. Si j'envie leur maternité, je n'ai aucune aspiration maléfique. Mais voilà, hormis avec les sympathisants du pays Infertilité, c'est un sujet qu'on craint d'aborder en public. Vous saisissez, maintenant, l'intérêt des forums ? Ils sont un excellent exutoire. On se retrouve là, toutes des bizarreries de la nature, des années d'anecdotes derrière nous, à se comprendre réellement sans se juger. Je fais partie de celles qui attendent leur tour. Ce numéro sur un ticket, très loin de m'en sortir. Je suis la fille endormie qui laisse passer tout le monde devant elle.

Aujourd'hui je me soigne, et surtout je me pardonne. Car cette amertume a souvent provoqué chez moi des réactions rudes, injustes, voire détestables envers certaines personnes : l'ignorance, l'indifférence, le *ghosting*. Je regrette d'avoir coupé les ponts trop vite avec des gens qui méritaient juste ma sincérité, et non ma colère. Mais tout cela était trop dur à encaisser. Alors, ne plus avoir aucun ami était le prix de mon immaturité que j'avais décidé de payer pour espérer ma tranquillité d'esprit.

Mais j'espère qu'en lisant ces lignes, et ce chapitre si important à mes yeux, certains comprendront.

19 novembre 2020

5 h 10 du matin. Mon réveil sonne. La douleur lancinante s'installe. Je sais qu'elles arrivent, les vilaines, et je savais que je souffrirais. Mais je me force à m'habiller. Allez, ça va aller. Je me maquille, allez je sais que ça va aller. Dans la voiture pour aller au travail – on m'a offert un poste d'animatrice matinale à la radio (la même que j'ai quittée il y a deux ans) –, je tente de me dire que oui, ça va aller. Tout va bien. Je vais gérer ces spasmes, ces *killer cramps*, même si je suis en train de suer, de me tordre au volant et de gémir comme un animal qui va mettre bas. C'est comme si on était en train de me broyer. Je ne sais pas vraiment dans quelle position me mettre pour atténuer le supplice. Je grille des feux, ma vue se brouille. Presque arrivée à la rédaction, je me dis que c'est OK, ça va le faire. Je dois gérer deux heures de direct, mais je sais que j'en suis capable.

Mais non, ça ne va pas. Ça ne va pas du tout, même !

Je ne peux pas continuer. Je fais donc demi-tour à une demi-heure du direct, dans un état lamentable. Je passe toute la matinée aux toilettes, à expulser d'énormes caillots de sang. Je suis si mal. Et je repense à notre échec. Mais la vie doit reprendre.

Vivre une infertilité, vous l'aurez compris, n'est pas simple sur le plan physique, mais aussi social. Il y a toujours ces questions dans notre entourage, de plus en plus insistantes, qui finissent par me briser le moral. On me rabâche un nombre de fois incalculable que l'infertilité est un problème psychologique.

Mais c'est dans ta tête, tout ça !
ou
Tu y penses trop, il faut lâcher prise.
ou
Arrête d'y penser, RELAX! ça viendra tout seul.

N'y a-t-il pas plus infantilisant et culpabilisant ? On nous donne ainsi toujours l'impression d'être responsables de notre malheur, comme si on l'avait choisi, consciemment ou pas. À croire que tous ont un diplôme de gynécologie.

Alors oui, je ne le nie pas, si certaines femmes ont certainement de réels soucis psychologiques, comme des traumatismes et des blocages, il faut être perspicace : la plupart des infertiles expérimentent des tracas biologiques. Nos désirs de grossesse n'ont absolument aucune incidence sur les fonctionnalités de notre utérus.

D'autres choses m'exaspèrent, comme ces individus qui vous racontent l'histoire d'un couple, vous avez remarqué ? Il s'agit souvent de la sœur de la belle-mère, amie de l'oncle qui connaît le neveu et son épouse… Bref, quelqu'un qu'ils ne connaissent pas mais qui, après de nombreuses années de péripéties, a réussi à obtenir une digne descendance. Des exemples en pagaille qu'on devrait tous épingler sur le mur de la joie. Et je vous passe la phrase tout aussi réjouissante, qui t'achève : *C'est une fois qu'ils ont arrêté d'y penser qu'ils en ont eu un, tu sais !*

Ne vous y trompez pas, je suis vraiment contente pour tous ces gens, bénis soient-ils. Mais que dois-je faire, maintenant ? Me cogner la tête contre un mur ? Me provoquer un traumatisme crânien, histoire d'« oublier » ce que je souhaite le plus au monde ? Que dois-je m'imaginer quand je vois une femme enceinte exhiber fièrement son ventre arrondi ? Ou quand je vois le visage innocent d'un joli bambin dans sa poussette ? Je fais quoi, exactement ? Je fais comme si je n'avais rien vu ? Non mais qu'elles me le disent, ces personnes, elles qui ont l'air de tout savoir !

Et puis, soyons lucides. Qui nous dit, qui nous prouve que le couple en question, et tous les autres dont on nous rabâche le récit prodigieux, avaient vraiment cessé d'y penser, à leur désir d'enfant ? Toutes ces belles histoires que l'on nous raconte ne seront réduites qu'à leur conclusion déformée, une *happy end* destinée à nous rassurer, nous pauvres infertiles. Car non, on ne saura jamais vraiment ce que tel ménage aura affronté pour avoir une progéniture. Certains auront attendu plusieurs années avant d'être les heureux témoins d'un miracle au bout du tunnel. Certains, peut-être, auront connu un long parcours PMA, jonché de déceptions, d'incertitudes… D'autres passeront par le don d'ovocytes ou de sperme, et d'autres encore par des mères porteuses à l'étranger. Des initiatives aux coûts parfois exorbitants.

Alors, qui le sait vraiment, qui connaît vraiment leur histoire ? Comment ces gens si prompts à donner des leçons pensent-ils réprimer notre soif d'enfant ? Croient-ils vraiment que ces stars qui tombent enceintes à cinquante ans ont réussi comme par magie ?

Alors oui, au début, ces anecdotes pouvaient me rassurer. Mais maintenant, elles m'agacent. Je veux donc l'écrire, car c'est une expression qui n'est pas dans mon vocabulaire : « Lâchez l'affaire ! » On n'obligera pas une femme en âge de procréer à cesser de penser à un des projets les plus importants de son existence. Donc oui, j'imagine mon bébé, mon futur enfant. J'y pense tous les jours, tout le temps. Et je chéris ce rêve plus que n'importe quel autre désir au monde.

Aujourd'hui, beaucoup d'options existent en effet pour espérer un jour connaître le bonheur de devenir maman et/ou papa, que l'on soit hétérosexuel, homosexuel, femme ou homme célibataire. Je comprends tout à fait les couples qui ont laissé tomber les recours « basiques » et qui se sont dirigés vers le don d'ovocyte, le don de sperme, la GPA (gestation pour autrui) à l'étranger ou encore l'adoption. En réalité, toutes ces personnes ont probablement beaucoup plus de force et d'amour à donner qu'on l'imagine. Bien plus, certainement, que ceux qui persistent en PMA. Bien plus que moi, toujours pas résignée.

Bien sûr, je me pose souvent la question de ce genre de recours. Après des années de difficultés, on doit tout envisager…

– D'abord, l'adoption : un parcours très compliqué, très long, semé d'embûches et d'incertitudes, mais je n'étais pas fermée à l'idée. Ce n'est pas une décision à prendre à la légère : il faut accepter un enfant avec son histoire, avec ses blessures, et l'aimer profondément, quels que soient son âge, ses origines, ou sa couleur de peau. Je pense que je serais prête à l'accepter.

– Le don d'ovocyte, soit le fait de pouvoir bénéficier de l'ovocyte d'une autre, qui serait ensuite fécondé avec les spermatozoïdes de mon mari : l'embryon obtenu me serait alors implanté. Je n'y suis, là encore, pas totalement opposée, même si ce ne serait pas mon enfant « biologique ».

– Enfin, la GPA : rappelons qu'il s'agit de replacer nos propres embryons (le mélange de mon ovocyte et du sperme de mon mari) dans l'utérus d'une autre femme. Le fœtus serait alors porteur de nos gènes et, *de facto*, notre enfant biologique.

Bizarrement, c'est l'option qui me paraît la plus difficile à accepter. Compliqué pour moi d'imaginer devenir mère sans passer par la case grossesse. Accepter de faire le deuil d'un ventre arrondi, et surtout accepter de voir grandir mon enfant dans l'utérus d'une autre femme. Est-ce que je ne risquerais pas de devenir un peu folle ? Le modèle de société qui autorise la GPA me questionne également, à l'heure où on parle de plus en plus de marchandisation du corps humain. Enfin, j'accorde beaucoup d'importance à la dimension psychologique. De nombreuses questions m'habitent : l'enfant qui grandira dans le ventre d'une autre souffrira-t-il dès la naissance de cette séparation avec elle ? Comment lui expliquer, plus tard ? Et puis, concernant cette femme qui nous « louera » son corps, comment vivra-t-elle ce déchirement avec l'enfant qu'elle porte depuis neuf mois ? Sera-t-elle si détachée ? Ne vais-je pas me sentir coupable toute ma vie ? La GPA me questionne énormément…

Tout cela est donc quand même plus compliqué qu'une simple histoire de « ventre d'accueil » avec un bébé à la clé, n'en déplaise à feu Phoebe Buffay dans *Friends*, qui avait gracieusement, dès les années 2000, prêté son utérus à son frère après avoir expérimenté un baby-sitting avec un chien. Rappelez-vous, la bonne dame avait fait un test de grossesse, et le jour même du transfert, après avoir passé la journée les jambes en l'air, il était positif !

Quel monde fantastique qu'Hollywood…

Le point de vue des religions est aussi intéressant. J'ai interrogé il y a quelques années un ancien représentant Loubavitch de France, l'une des branches principales du hassidisme contemporain. Il faut savoir que dans le judaïsme, par exemple – parlons-en puisque c'est la première religion monothéiste, et la mienne en l'occurrence –, tout est illicite, sauf exceptions, mais faire un bébé est encouragé au maximum, donc il est facile de détourner l'interdit. Idem dans l'islam, alors qu'en revanche le christianisme est plus sévère sur ces questions et n'autorise pas grand-chose.

Ainsi, dans le judaïsme, si l'insémination et la FIV avec les gamètes du couple sont permises (toujours sous contrôle rabbinique, et il faut donc consulter à chaque fois des médecins pour approbation *halakhique*, via notamment l'institut Pouah en Israël), le don de sperme n'est lui pas autorisé, pas plus que le don d'ovocytes, ni la GPA. À moins que cela puisse se justifier à titre exceptionnel, à des conditions très précises. Évidemment, aux yeux de Dieu, avoir un enfant est la plus grande des bénédictions, mais dans la religion juive, la question de la maternité n'est en réalité pas tout à fait claire non plus.

Dans son livre *Éthiques du judaïsme*, le rabbin Michaël Azoulay, de Neuilly-sur-Seine, se penche sur la question de savoir qui est véritablement la mère d'un enfant né d'une mère porteuse, à travers une réflexion basée sur les textes religieux. Dans le cadre de la gestation pour autrui, il existe en effet un débat autour de la définition de la maternité. Certains décisionnaires estiment que la mère d'un enfant est celle qui porte et accouche de l'enfant, tandis que d'autres considèrent que la mère biologique, c'est-à-dire celle qui contribue génétiquement à la conception et qui donne l'ovule, est celle qui doit être reconnue comme la mère légitime.

Dans le Livre de la Genèse, il est par ailleurs relaté que sur les quatre matriarches du peuple juif, trois ont été confrontées à la question de l'infertilité : Sarah, Rebecca et Rachel. Rachel, mariée à Jacob, offre en effet à son mari sa servante, Bilhah : « Qu'elle mette un enfant au monde sur mes genoux, et que par elle j'aie aussi des fils » (Genèse, 30:3). Bilhah met au monde deux fils, Dan et Nephtali, que Rachel élève comme si c'étaient les siens. Une forme de GPA, ou d'adoption avant l'heure… Les rabbins ont donné plusieurs interprétations à l'infertilité des matriarches. L'une d'entre elles est que, d'un point de vue religieux, la question du manque suscite la prière. Effectivement, on prie souvent quand il nous manque quelque chose… Et dans le Midrash – soit l'ensemble des interprétations de la Torah par les Rabbins – cette citation est édifiante : « Dieu désire ardemment les prières des Justes ». Comme s'il faisait exprès de causer à ces femmes pieuses un manque pour qu'elles se tournent vers lui…

Mais, pour moi, la vraie question est celle-ci : la fin justifie-t-elle les moyens ? Doit-on tout essayer si les moyens existent, tout cela parce qu'ils existent ? Vous l'aurez compris, tout au long de ce parcours, la foi ne me quitte jamais. Quel dessein l'univers a-t-il pour moi ? D'autres plans que celui d'être maman ?

Difficile d'abandonner mon véritable rêve, le véritable sens que je veux donner à mon existence : celui de donner la vie. Rêve qui reste inachevé pour une raison que j'ignore.

16 décembre 2020

Après la grossesse biochimique du mois dernier, vient l'heure du nouveau transfert. Il nous reste donc un embryon, notre J6, de très bonne qualité. Parallèlement et pendant plusieurs jours, je suis bourrée de vitamines données par Docteur E. Ces petites boîtes, non remboursées, ni par la Sécurité sociale ni par la mutuelle, coûtent un bras. Mais franchement, à mon niveau de désespoir, je dis oui à TOUT. La biologiste indique qu'il y a de grandes chances que cette grossesse aboutisse. Alors place au dernier TEC, qui se passe bien. Transfert rapide, malgré une petite gêne, comme d'habitude. Vais-je passer l'année 2021 avec un bébé dans le ventre ?

Négatif… au 27 décembre 2020, mon taux d'HCG est inférieur à 5 UI/L. La grossesse biochimique n'aura donc rien changé. Je ne suis pas enceinte.

Voilà le bilan : quatre ans et demi d'infertilité. Trois ans de PMA. Six FIV. Huit transferts. Treize embryons transférés.

Nous sommes à présent le 1er janvier 2021, et je l'ai bien compris : pour moi, ce ne sera jamais simple de tomber enceinte.

Ce ne sera jamais naturel. J'ai fait le deuil d'une grossesse naturelle depuis longtemps. Je souffre tellement. Cette attente que je subis est infernale. Ces moments sont très longs, trop longs… interminables. La notion de temps est particulièrement obsédante dans un parcours d'infertilité. Le temps qui passe et sur lequel nous n'avons aucun pouvoir. Voir les autres avancer, créer leur famille et rester, nous, toujours sur la ligne de départ.

Évidemment, je suis encore en contact avec la biologiste. Et voici ce qu'elle propose : à nouveau une mise sous Decapeptyl 11,25 puis une nouvelle FIV : une ponction d'abord, programmée dans deux mois, puis un examen nommé MatriceLAB. Il s'agit d'une biopsie de l'endomètre, qui permettrait de savoir s'il y a une « suractivité » ou une « sous-activité immunitaire ». On propose précisément cet examen aux femmes qui vivent des échecs répétés d'implantation. Il faut compter environ quatre-cents euros pour cet examen, non remboursé, là encore, par la Sécurité sociale… Elle veut aussi que je fasse le *win-test*, test d'appréciation de la réceptivité endométriale, permettant de détecter de façon précise la fenêtre d'implantation : quatre-cents euros également. Les résultats de ces examens prendraient environ six semaines. Mais avant tout, la biologiste nous place sous de nouvelles vitamines, une de ses grandes passions d'apothicaire visiblement…

Alors, comme une bonne élève, toujours aussi crédule, je ne perds pas de temps, je m'exécute et fais donc machinalement la piqûre du Decapeptyl 11,25 exigée par elle. Trois mois durant lesquels je n'ai pas mes règles.

Clairement : je suis devenue un robot… Mon corps ne m'appartient plus, il est entièrement dévoué à l'assistance médicale à la procréation. Son unique but est de se reproduire. Jusqu'à cette conversation avec une vague connaissance aussi passée par la PMA. Elle trouve que j'ai vraiment trop subi et me propose de rencontrer un grand professeur de l'hôpital Foch qui exerce maintenant à la clinique de La Muette. Un médecin qui est vraiment extraordinaire, selon ses dires. Je prends donc rendez-vous avec le professeur Renato Fanchin. C'est un homme distingué, avec un bel accent étranger, qui me reçoit assez vite. Après toutes ces FIV ratées, je dois mettre toutes les chances de mon côté. Qu'est-ce que nous avons à perdre, si ce n'est juste discuter avec lui (et une centaine d'euros) ?

3 février 2021

On attend bien une heure dans le cabinet. Le docteur nous reçoit enfin. Et c'est reparti pour l'autobiographie gynécologique pendant dix minutes. Comme pour notre désormais ancien gynécologue, j'ai à nouveau imprimé un texte très détaillé de notre parcours. Mais, à la différence du précédent docteur, lui prend vraiment le temps de tout écrire, il nous parle et nous questionne : il note étape par étape tout ce que l'on a déjà fait comme examens. On sent qu'il veut comprendre, analyser les choses. Par ailleurs, il me cerne presque instantanément. Il perçoit en moi cette fragilité, cette lueur triste dans mon regard, moi qui souhaite chaque fois, pourtant, faire une première bonne impression – montrer un état d'esprit fort et conquérant –, lui, semble avoir saisi que j'étais à bout. Vraiment fatiguée. Après donc mon monologue, entrecoupé d'un interrogatoire, le professeur recule, lâche son clavier et, après une grande respiration, me fixe longuement.

« Bravo. »

Un simple mot, cinq lettres. Je ne les avais jusque-là jamais entendues, depuis cinq longues années. Personne ne me l'avait dit, alors je suis surprise de l'empathie. Il poursuit : « Bravo d'abord pour tout ce parcours. Pour tout ce que vous avez enduré. Et le fait d'imprimer tout ça, ce texte, en couleurs, pour moi c'est un signe que vous voulez vraiment réussir. C'est la première fois que je vois une femme de votre âge, vingt-huit ans, aussi déterminée et combattive. »

Puis il regarde mon mari et lui dit en souriant, avec cet accent qui respire le soleil : « Vous n'avez pas intérêt à la lâcher, celle-là. » Il m'a presque fait pleurer. Heureusement que j'ai mon masque anti-covid et mes lunettes. Je sens l'émotion qui arrive et je suis incapable de répondre. Je baisse les yeux, comme si je venais de lâcher enfin les armes.

Quelque chose de magique se noue instantanément entre lui et nous. Il continue alors, avec un petit sourire en coin :

« Parfois, je sais, vous vous dites que ça ne marchera jamais, que vous ne serez jamais enceinte. Mais vous avez tort. Ça va marcher. Je pense que vous allez réussir. »

C'est la première fois que j'entends des mots aussi réconfortants. Il ne m'a pourtant pas encore examinée. Mais il me fait confiance, ne me stresse pas, contrairement aux autres. Il comprend tout à fait ce que je ressens. Mes peurs, mes angoisses. Je suis stupéfiée par son humanisme, qui devrait être si naturel pourtant, mais dont j'avais tant manqué jusque-là dans ce monde impitoyable de la PMA. Dans le même temps, il se montre assez critique et déconcerté par tout ce que la biologiste de l'Hôpital Américain m'a prescrit. Il m'indique que le MatriceLAB et le *win-test* ne sont pour lui que des « machines à fric », et ne garantissent en rien de meilleures chances de réussir. Il ajoute, exaspéré, qu'il en a marre qu'on « charcute le corps des femmes », et que les problèmes d'implantation ne sont pas forcément liés à l'utérus, mais bien plus à la qualité des gamètes ou à la qualité embryonnaire.

« Vous êtes dans une situation de désespoir, et vous prenez tout ce qu'on vous propose. Moi je veux être là pour calmer tout ça », me dit-il alors. Il n'a pas tort, car oui, je suis effectivement prête à dire oui à tout et n'importe quoi, et à payer des fortunes. Il se désespère, d'ailleurs, quand je lui annonce que je suis déjà à nouveau sous ménopause artificielle. En effet, mes ovaires sont bloqués trois mois, voire plus, et d'ici là il ne peut rien faire. Alors il me conseille de tout arrêter, tous les traitements, pour un temps, et de consulter une psychologue. Pour parler, tout simplement. Pour me libérer de mes démons.

Après le rendez-vous, mon mari, lui, n'a aucun doute. Séduit par le charme de ce nouveau médecin, il est bien décidé à quitter l'Hôpital Américain, et à rester avec le professeur Fanchin. Je décide quant à moi, et pour une fois, de faire confiance au destin.

Bye bye Docteur R. et Docteur E. de l'hôpital des stars.

Ikéa, le temple de la déprime. Sérieusement, on y croise une femme enceinte tous les cent mètres. C'est pas le meilleur endroit pour se changer les idées, à vrai dire. Mais que puis-je faire, tout vient me rappeler que des grossesses existent.

Je prends énormément sur moi. Avec le temps, les années qui passent, je réussis à peine à passer outre. J'arrive, non pas à faire abstraction, mais à me dire que ce sera, aussi, bientôt mon tour. Je suis sur la voie de la guérison mentale.

Un jour, j'ai lu qu'essayer d'être mère, c'était déjà l'être, d'une certaine manière. Cette pensée me donne souvent beaucoup de bonheur, et m'apaise. Le temps que j'ai passé à vouloir et à essayer d'être mère, à tout mettre de côté pour mon futur bébé, ne fait-il pas déjà un peu de moi une maman ? Il faut dire que depuis tout ce temps, pas un jour ne passe sans que je pense aux mots : *bébé, grossesse, enceinte.*

Avec mon cher et tendre, nous avons tout le temps des discussions sur l'avenir. J'ai aussi cette peur qui me suit, depuis le début de ce parcours, celle de me faire abandonner par l'homme que j'aime. Que se passera-t-il si je n'arrive jamais à tomber enceinte ? J'en suis même venue à ne plus en vouloir, de ce bébé. À détester cet enfant qui n'était même pas encore venu au monde. Voir toutes ces filles enceintes me dégoûte de plus en plus de la maternité.

Franchement, je comprends vraiment celles et ceux qui ont abandonné le parcours, trop coûteux, trop éreintant. Il faut tenir le choc, accepter les défaites, et certains de nous sont vraiment fragiles pour vivre tout ça. Il y a quelques mois, par exemple, une ancienne collègue de la radio s'est lancée en PMA et a enchaîné deux inséminations. La deuxième a fonctionné. Une PMA, on peut le dire, plutôt rapide et réussie : en quatre mois, c'était plié. Et pourtant, je la voyais, pendant ses brefs traitements, s'agiter, incapable de retenir ses émotions, hurler pour un rien. Pleurer à son premier échec comme si c'était la fin du monde. Avec le temps, je me suis demandé si mon jugement sur les autres, toujours sévère, n'était pas altéré, si ma tolérance avait des limites. Après tout, peut-être bien que oui. Je m'étais tant habituée à avoir des émotions complètement chamboulées. Alors peut-être que, désormais, je me suis simplement perdue, peut-être que je ne sais même plus qui je suis vraiment…

Pourtant, en cette année 2021, mon corps décide de m'envoyer un sacré message. Un jour, au studio de radio, je craque ouvertement, en pleine antenne. À l'époque, je travaillais avec un réalisateur technique incompétent, je peux le dire, n'ayons pas peur des mots : il était médiocre. Jusqu'ici, je prenais sur moi, énormément, jusqu'à l'erreur de trop, de sa part. En plein direct, alors qu'il faisait une énième bourde, j'ai commencé à bouillonner et j'ai senti en moi une fureur incontrôlable. J'ai attendu, puis je me suis effondrée pendant la publicité, et j'ai crié toute la frustration que j'avais gardée en moi si longtemps. C'était si naturel. Même si ma colère était juste et justifiée, je savais que j'étais aussi parallèlement irritée, forcément, par les doses de progestérone que je m'infligeais à nouveau depuis plusieurs jours, en vue du nouveau transfert. Je n'ai pas réussi à redescendre tout de suite, je n'ai même pas pu me retenir. Je me suis isolée, puis j'ai pleuré plusieurs minutes durant, sans pouvoir m'arrêter. C'est fou, je n'arrivais pas à contrôler ces larmes, comme si mon corps me disait : « Je fais ce que je veux, ma petite, tu ne la retiendras pas, ta colère. »

Alors, j'ai soufflé un bon coup, puis je suis ressortie et j'ai repris l'antenne.

C'est aussi ça, la réalité d'une PMA.

15 février 2021

Deux semaines après notre rencontre avec le professeur Fanchin, je consulte, sur ses recommandations, une psychologue. Je ne suis pas spécialement motivée mais je me dis que ça ne peut pas me faire de mal, et j'ai été si rassurée par son discours que ses conseils m'ont paru intelligents. Oui, mon problème est l'endométriose, oui, mon problème est biologique, mais pourquoi ne pas essayer de comprendre ce qui, consciemment ou pas, peut clocher ?

Rendez-vous m'est donné dans le quartier des Ternes, dans le dix-septième arrondissement de Paris.

Je déballe tout, à nouveau…

Et la psy se penche surtout sur mes sentiments, comment je me sens, comment je vis telle ou telle situation. Évidemment, la question de la filiation arrive, et ne me surprend pas… je connais la bonne vieille méthode freudienne. Elle devine, à nouveau : la maladie de ma mère, et passe au crible quelques détails que certes, j'avais jusqu'ici peu perçus. Je l'admets, cette fois, c'est fort intéressant, car elle décortique le poids de ma culpabilité.

Mais s'ensuit une analyse d'une heure, qui me plaît moins. Selon la psychologue, en tant qu'enfant, nous ne sommes pas censés nous occuper de nos parents, ni les « protéger ». Terme, je m'en rends compte, que j'utilise beaucoup pendant la consultation. Mais cette psy, connaissait-elle vraiment la réalité d'un handicap physique ? Qui, pour aider une personne en situation de handicap, si ce n'est vos enfants ? N'est-ce pas là une terrible manière de penser, de considérer que l'on doit être indifférent au mal-être de ses parents ? Enfin, toute cette discussion a le mérite de me faire beaucoup réfléchir à mon comportement. Je la revois une deuxième fois, mais ce sera la dernière. Je n'ai pas eu le feeling, comme on dit.

Pourtant, c'est étrange, mais après ces deux seules consultations, je me sens néanmoins libérée. Et, mystérieusement, quelques semaines plus tard, j'aborde mes problèmes beaucoup plus facilement et ouvertement. Comme s'il avait suffi d'extérioriser mes hontes, mes peurs et ma culpabilité pour que tout cela s'estompe. Enfin, je pense aussi que la multiplication de témoignages de personnes en PMA autour de moi, m'incite à prendre la parole. Des filles qui n'avaient pas tant galéré que ça, alors que mon histoire devenait de plus en plus complexe. Pourquoi pas moi, alors ? J'aimerais tant annoncer ma peine sur mes réseaux sociaux, donner de l'entrain à celles qui sont, comme moi, dans une situation désespérée. Mais je rêve avant tout de terminer cette histoire de vie sur une note positive.

2 juillet 2021

Cinq mois, et non trois, c'est le temps qu'il aura finalement fallu pour que disparaissent les effets du Decapeptyl, un « poison » selon le professeur Fanchin. J'ai perdu cinq mois ! Mais on peut enfin se lancer dans un nouveau premier protocole avec lui. J'entame ainsi ma septième FIV, et on tente un tout nouveau traitement : deux injections différentes à faire chaque soir – Gonal-F et Pergoveris –, à dose maximale.

C'est avant tout un test pour le professeur Fanchin : l'occasion de voir s'il n'y a pas quelque chose qui cloche au moment de la stimulation. Et, bingo… jour après jour, avec l'échographie pelvienne, en observant la croissance de mes follicules, on se rend compte qu'ils ne grossissent pas tous de la même façon, et qu'ils n'arrivent pas tous à la même taille. Ils sont « rebelles », me dit le gynécologue. Alors il pousse jusqu'au bout le traitement : prescription à haute dose. Il veut faire ce que ses confrères n'ont jamais essayé avec moi, et aller « plus loin ». Il est persuadé que ce n'est pas l'endométriose qui joue sur nos échecs, mais bien la spécificité de mes ovocytes. Il insiste pour que je perde du poids, pour que j'arrête le sucre, notamment. C'est important selon lui, cela joue sur la qualité ovocytaire. Avec lui, j'ai l'impression d'être obèse ! alors que je suis juste en surpoids… Mais il est vrai que l'obésité et le surpoids sont sans aucun doute des facteurs qui conduisent à diminuer les chances de succès d'une FIV.

Les patientes obèses ont des problèmes de qualité des ovules et risquent davantage de vivre un avortement spontané. C'est pour cette raison qu'un IMC (indice de masse corporelle) inférieur à 30 est préférable. Selon le corps médical, les chances de tomber enceinte et de donner naissance sont au plus bas lorsque l'IMC est compris entre 35 et 40. Chez les personnes obèses, d'autres soucis peuvent se manifester, notamment au moment de l'anesthésie ou lors de la ponction d'ovocytes. De même, tous les risques normaux liés à la grossesse, comme le diabète gestationnel et la pré-éclampsie, sont accrus en cas d'obésité. Certains centres de PMA refusent même la FIV à des femmes qui ont un IMC supérieur à 30.

Bref, je suis bien à deux semaines de piqûres quand il me donne enfin son feu vert pour la ponction.

16 juillet 2021

Un nouveau chapitre s'écrit avec le professeur Fanchin. On est partis sur un nouveau traitement, un nouveau protocole de stimulation. Il m'a donné de sacrées doses. Alors, le jour de la ponction, j'ai le ventre gonflé à bloc : c'est l'heure de la récolte. L'opération se déroule bien. Il faut dire qu'en quatre ans, j'en suis à ma septième anesthésie générale (huit en comptant l'opération pour faciliter les transferts de mars 2019), alors j'ai l'habitude. J'ai même pris goût à l'endormissement instantané ! Je vous jure, c'est enivrant, je me sens si bien pendant ce laps de temps, c'est du repos. Cette sensation de planer est exceptionnelle.

Au réveil, je ne ressens rien, ni mes ovaires ni mon corps tout entier. Mais je ne perds pas le nord. Une seule chose m'importe immédiatement : le nombre d'ovocytes récupérés. Pour l'instant, l'infirmière ne peut me le dire, le professeur Fanchin doit m'envoyer un texto pour me donner le chiffre exact. En attendant de rejoindre ma chambre, de retrouver totalement mes esprits, je reste allongée, les yeux fermés sur mon brancard. Puis le contrecoup des hormones arrive, des larmes incontrôlables perlent sur mes joues. Je suis triste mais soulagée en même temps, et impatiente. L'étape Une est terminée.

Pendant ce temps, à côté de moi, sur un brancard voisin, j'entends une autre femme, en train de pleurer – elle aussi vient de se réveiller de sa ponction. Je n'ai pas encore la force d'ouvrir les paupières, mais je veux tellement lui dire que je suis là, lui prendre la main, lui dire qu'il faut y croire, que ça va aller. Je ne la connais absolument pas, mais même dans les vapes, je m'aperçois que j'ai toujours envie de protéger les autres. À outrance. Ce côté sororal bizarre m'habite.

De retour dans ma chambre, j'ouvre mon téléphone et je vois le message du professeur Fanchin :

« 14 ovocytes ! On garde le cap. Bonne chance ! »

Un record. Le lendemain, l'infirmière m'appelle et m'informe que sur ces quatorze follicules, huit embryons ont été fécondés. Bien sûr, il faut encore s'attendre à une descente. Mais qui sait, dans le lot, il y a peut-être notre petit vainqueur…

L'attente est rude, d'autant que cette semaine-là, j'apprends trois grossesses dans mon entourage, dont l'une d'une petite-cousine par alliance âgée d'à peine vingt ans. Ça finit de m'abattre. Encore une fois, je me sens si seule, et je ne peux pas parler de tout ça, en tout cas, pas vraiment. Personne ne peut me comprendre. Alors je cherche encore une fois sur internet des parcours similaires, mais les mots clés *5 ans d'attente*, *7 fiv* ne donnent rien. Peu de personnes ont subi autant de FIV à mon âge.

J'attends finalement une bonne semaine avant d'avoir le résultat. C'est le laboratoire de la clinique qui m'appelle. Mon cœur bat la chamade. Je m'attends au pire. Je suis tellement fragile et fatiguée, vais-je subir le coup de grâce ?

Le résultat est sans appel : un seul embryon a tenu, un seul, un J5. Sur huit embryons…

La déception est totale.
Tout ça pour ça ?

J'ai donc perdu six mois de ma vie avec la ménopause artificielle pour obtenir un seul et malheureux embryon.

Je raccroche et j'éclate en sanglots. Je suis à bout. Je suis persuadée que ça ne fonctionnera pas. Je peux au moins compter sur le soutien de mon mari qui essuie ma peine comme il peut, que lui aussi doit subir.

17 septembre 2021

L'été passe, notre embryon nous attend bien au froid dans sa cuve d'azote. L'heure est venue de transférer notre petit *survivor*, surnom que lui donne l'infirmière de la clinique, en constatant que sur notre lot de futurs héritiers, c'est bien le seul, en effet, qui a survécu.

Je me sens bien mais stressée. J'appréhende toujours le moment du transfert, vous me connaissez maintenant. J'inspire, j'expire, à fond. Le professeur arrive, il vient spécialement pour nous ce jour-là, c'est le lendemain du Yom Kippour, le jour du grand pardon pour le peuple juif.

Je suis installée, les quatre fers en l'air sur les étriers, prête à être fécondée. Il me demande de tenir la sonde abdominale sur mon ventre, tandis que lui installe le cathéter pour placer notre embryon. Nous avons un écran devant nous. C'est le spectacle de notre vie, on dirait !

Je vois la seringue passer à travers mon col, et on observe la bulle qui entoure l'embryon être enfin déposée à l'intérieur. Et c'est terminé. Trois minutes seulement.

Je n'ai quasiment rien senti ! Je suis époustouflée par ce transfert d'une douceur exquise. Je me rhabille, le professeur me dit de « vivre ma vie à fond », et pourquoi pas de faire du trampoline, si ça me chante. Pour lui, les protocoles traditionnels qu'on nous imposait autrefois, c'est-à-dire s'allonger dix minutes jusqu'à deux heures après un transfert, sont « dépassés ». Au contraire, selon plusieurs études, cela diminuerait les chances.

Les dix jours d'attente peuvent donc commencer. Ça débute toujours comme ça : l'excitation des premiers jours, puis on commence à être attentive au moindre indice, à analyser son corps de façon maladive. Chaque jour, je vérifie sur le web si ce que je ressens physiquement est positif : mes seins sont tendus, gonflés, j'ai envie de vomir, j'ai faim, puis je suis dégoûtée d'avoir mangé, j'ai des douleurs de règles sporadiques. Tous les signes de la grossesse, qui sont aussi une conséquence de la progestérone. Et je tombe malade : une angine, mon système immunitaire semble affaibli.

Cette attente est une torture mentale. Puis, vers la fin, ça y est, l'optimisme fait place au doute, puis de nouveau, je n'y crois plus, je me dis que c'est fini. Je fais des insomnies, j'y pense dans mes rêves, j'imagine tous les scénarios.

27 septembre 2021

4 h 50.

Je suis toujours animatrice de la matinale à la radio, alors je me lève tôt. Ça y est, nous sommes à J10 post-transfert de notre petit embryon, je dois faire ma prise de sang. Mais je vais commencer par le traditionnel test de grossesse. Je me lève tout excitée, le test déjà prêt depuis la veille, au-dessus des toilettes. Je m'exécute puis j'attends, et je regarde. Toujours rien, alors je le pose, et je me dis que c'est encore fichu. Je pars m'habiller dans la chambre. Puis je retourne dans la salle de bain, et je reprends le test sans trop d'espoir.

La ligne, là, la ligne rose toute pâle, je rêve ou bien ?

Ça y est, c'est mon moment. Cinq ans. Cinq ans pour enfin voir cette barre. Et ce sourire béat sur mon visage. Ma joie d'enfant en courant dans notre lit alors qu'il fait encore nuit noire. Je l'annonce à ma moitié, lui, encore endormi, se demandant qui est cet animal sauvage surexcité venant troubler son sommeil. Je lui dis que ça y est, ça a marché, enfin peut-être, puisque je vois cette barre rose ! Il est encore plus optimiste que moi.

OUI, ça a marché ! C'est un des plus beaux jours de ma vie. Il faut dire qu'en cinq ans, j'en ai fait des tests de grossesse, et pas un ne fut positif. Toutefois sensible à seulement 10 UI/L, il faudrait que j'en teste un à 25 UI/L. Pas folle, la guêpe. Mais avant tout, c'est la prise de sang qui compte, alors après la radio, le matin même, je me rends au laboratoire. En attendant les résultats, je vais chercher un autre test. Le fameux Clearblue à haute sensibilité. C'est l'heure du verdict. Je laisse à Monsieur l'honneur de lire les résultats en premier.

« Y'a écrit Enceinte ! » s'écrie-t-il.

Puis je reçois enfin les résultats de la prise de sang.

Taux d'HCG > 70 UI/L.
C'est un rêve, pincez-moi. Je suis enceinte.

Deux jours plus tard : taux d'HCG > 183 UI/L.
Trois jours après : taux d'HCG > 675 UI/L.
Puis ça monte progressivement, à 2000, 4000.

JE SUIS ENCEINTE.

Nous sommes les plus heureux du monde, nous ne réalisons toujours pas. Combien de fois ai-je rêvé de ce moment. Combien de tests de grossesse, de prises de sang, d'allers-retours à l'hôpital, de piqûres, de cachets… Tous ces traitements obscurs. J'allais donc enfin tourner la page des ténèbres ?

9 novembre 2021

Nous avons rendez-vous pour une première échographie avec le professeur Fanchin. J'ai trouvé ça très long d'attendre, je suis à 10 SA (semaines d'aménorrhée) environ, mais je me dis que ça doit être normal. Finalement, à notre arrivée, le professeur nous dit qu'on aurait pu venir plus tôt pour constater la grossesse.

C'est un instant empli d'émotions. Nous entendons le cœur de notre bébé pour la première fois. Un petit cœur qui bat très fort, en rythme régulier. Puis nous l'apercevons enfin, notre mini-nous, dans cet utérus resté vide pendant si longtemps. Enfin une présence. Son petit corps, ses membres déjà bien visibles, sa tête, son ventre, nous le voyons bouger. C'est tellement magique et exceptionnel.

Les jours passent, on approche des trois mois. La peur de la « fausse couche » diminue. Nous commençons à l'annoncer à nos parents, notre famille proche, nos meilleurs amis. C'est le bonheur absolu, d'autant plus que j'y mets du mien : c'est un moment tellement attendu pour nous que, pour chaque annonce, je prévois une surprise, que je prends en vidéo. Cartes à gratter, tasse de thé, petit body de bébé emballé dans un carton à rubans… Je veux graver tous ces souvenirs dans un film, pour toujours.

Je songe aussi déjà à m'organiser pour le travail.

15 novembre 2021

J'arrive à 11 SA quand je dois enfin rencontrer notre gynécologue obstétricien, celui qui me fera accoucher, Docteur J. Le professeur Fanchin n'est en effet en charge que de la PMA, pas du « service après-vente ». Il est à l'heure, ça me ravit. On fait connaissance, et il nous donne toutes les indications sur cette grossesse qui s'annonce bien : les prises de sang à faire pour la toxoplasmose, la rubéole, et les tests de trisomie sur le fœtus. Puis vient le moment de la deuxième échographie. Nous entendons à nouveau le cœur, ça me rassure. Cet organe n'est-il pas la chose la plus importante ?

Mais je ne suis pas sereine. Nous distinguons soudain une tache noire, assez visible, sur le ventre de notre bébé. Docteur J. s'arrête dessus, je lui demande si tout va bien. Il me dit que c'est la vessie, mais qu'elle semble « un peu grosse ». Il ne dit rien, c'est un peu inquiétant, mais il ne nous annonce rien de plus. Comme s'il ne voulait pas non plus être le commissionnaire d'une mauvaise nouvelle. Nous devons de toute façon faire l'échographie du premier trimestre à 12 SA chez un véritable échographiste, qui y verra certainement plus clair. Nous devons donc prendre notre mal en patience, et attendre encore une semaine, pour être véritablement à trois mois de grossesse révolus. Il n'y a pas de raison de s'inquiéter.

La veille de notre visite médicale, nous annonçons ma grossesse à mon frère et à ma belle-sœur, emplis de joie. Je dis à mes parents que je trouve quand même anormal cette très grosse vessie, et que j'espère que tout va bien. En tout cas, tous les signaux de la grossesse sont là : j'ai tout le temps envie de vomir, je ne sais pas quoi manger car tout me dégoûte, et je suis très fatiguée. Mais, je ne sais pas pourquoi, j'ai comme un mauvais pressentiment…

22 novembre 2021

Rendez-vous nous est donné ce lundi dans le très beau sixième arrondissement de Paris. J'ai lu les avis de l'échographiste que nous allons consulter sur internet, il semble être le meilleur. Certaines patientes disent qu'il prend vraiment le temps et qu'il détecte des choses très précocement, comme le sexe de l'enfant. C'est rassurant. Vient donc notre tour pour la fameuse échographie du premier trimestre, celle qui doit s'effectuer de façon optimale entre onze et quatorze semaines. Celle que nous n'appréhendons pas vraiment de manière générale, car notre bébé est là, nous avons entendu son cœur… Ainsi, nous arrivons calmes, mais un peu excités tout de même de savoir, peut-être déjà, s'il s'agit d'une fille ou d'un garçon.

L'examen se déroule par voie endovaginale, car l'image est meilleure. Là encore, nous retrouvons notre petit bébé, il est si vif. Son cœur bat bien, je suis émue, nous pouvons voir son visage si nettement et tous ses membres en 3D, c'est magnifique. C'est notre enfant, notre progéniture, l'amour de notre vie. Il est si beau.

Mais tout bascule en quelques secondes… L'échographie, qui devait prendre trente minutes, va durer une heure et demie. La tache noire sur la vessie n'est pas anodine. C'est ce qu'on appelle une mégavessie, une malformation rare qui correspond à l'élargissement anormal de la vessie fœtale, pouvant être vue dès la dixième semaine d'aménorrhée. Selon une étude scientifique, en 2017, l'incidence des mégavessies était évaluée à 1 sur 1 600 grossesses. Au-dessus de 15 mm, c'est déjà très grave. La vessie de notre bébé fait 20 mm, alors malheureusement le pronostic est extrêmement sombre.

Docteur L. nous dit qu'elle pourrait se rétracter naturellement mais que cela reste relativement rare, surtout au premier trimestre, où les chances de survie à la naissance sont de 25 % seulement (contre 94 % au troisième trimestre). Les garçons sont le plus souvent touchés par ce problème. Nous pensons donc avoir une première identité posée sur ce fœtus. Un garçon… Mais à présent, nous ne voyons que sa vessie. Sur l'échographie, c'est vrai, elle prend la moitié de son corps.

Mon mari me tient la main fermement, je ne la lâche plus. J'y crois encore, je l'aime déjà si fort ce bébé. Et pourtant, nous ne sommes pas au bout de nos peines… Docteur L. nous informe aussi qu'il voit une main bote, une main complètement retournée, très fine, avec seulement trois doigts. Il s'agit d'une anomalie congénitale rare atteignant l'ensemble des structures radiales du membre supérieur et entraînant, dans les formes sévères, une déviation du poignet.

En regardant l'image, mon corps tout entier se glace…
Je ne bouge plus.

Avec ces deux malformations, le médecin estime que, sans aucun doute, le cœur doit sûrement aussi être impacté, et que tout cela n'augure vraiment rien de bon. Il nous dit qu'on réagit, malgré tout, plutôt bien, il nous demande si on est très croyants.
Non, ce n'est pas ça. Du tout.
En fait, le choc est si terrible que je suis plongée dans un profond mutisme. Cela n'a rien à voir avec la foi.

Mais ce n'est pas fini. Docteur L. tente de retourner le fœtus, en agitant énergiquement mon bassin. Puis le constat est bien là : une malformation cardiaque. Il détecte une communication inter-ventriculaire, autrement dit une CIV dans le jargon médical, une cardiopathie congénitale définie par un défaut de fermeture de la cloison entre les ventricules droit et gauche. En gros, il s'agit d'une fuite de sang entre les deux ventricules.

Nous avons donc trois gros problèmes, trois malformations qui pourraient être le signe d'une maladie grave, comme une trisomie. Il s'agit précisément « d'un syndrome polymalformatif ».

Je sais alors… Je sais à cet instant, profondément au fond de moi, que je vais devoir dire adieu à mon bébé, que c'est fini, qu'il ne pourra pas survivre.

Le docteur n'a pas eu besoin de nous l'expliquer. Je l'ai su.

On nous indique toutefois que oui, la grossesse peut se poursuivre, mais un arrêt cardiaque n'est pas à écarter. Une mort *in utero*. Dans le meilleur des cas, notre enfant naîtrait, mais dans des conditions dramatiques. Il serait alors immédiatement pris en charge et périrait après seulement quelques jours, voire quelques heures de vie.

Alors l'option la plus sûre, nous dit-on, c'est d'interrompre la grossesse. L'échographiste contacte Docteur J., notre gynécologue, et le professeur Fanchin, en charge de la PMA, pour les informer de la situation. Tous les trois sont sur la même longueur d'onde : « le mieux pour nous », c'est de mettre fin à tout ça.

C'est le drame absolu.

Nous quittons le cabinet de Docteur L., en ayant pris le pire coup de notre vie. Sur le chemin du retour, nous pleurons tous les deux, et nous nous prenons dans les bras. Je crois que je ne pourrai jamais surmonter ça. Toute ma peine est en réalité dirigée vers notre bébé en souffrance. Jusqu'ici, il était difficile d'humaniser tous ces embryons qui n'avaient jamais évolué. Nous ne visualisions alors que des cellules abstraites, sans nom, sans sexe, sans visage, qui jamais n'avaient pris forme humaine. Mais maintenant, nous avions face à nous un véritable humain, de six centimètres. Et ce bébé, tellement désiré, tellement attendu, n'était « pas viable ».

Nous allons perdre notre enfant. Je suis bouleversée, je veux que ce malheur s'achève. En réalité, je suis tiraillée par des sentiments complètement contraires. D'un côté, je veux arrêter cette grossesse immédiatement, mais je me sens si coupable et lâche de le faire. Mais, c'est vrai, je dois faire ce qu'il y a de mieux pour nous, pour notre couple, pour notre famille, et pour ce bébé qui va déjà si mal. S'il vivait, que subirait-il ? Et si nous devions le perdre une fois venu au monde ?

Égarés, désemparés, nous prenons donc rendez-vous pour une IVG (interruption volontaire de grossesse) le lendemain à l'hôpital Port-Royal, et parallèlement, Docteur L. nous programme le jeudi, une rencontre au diagnostic anténatal pour une IMG (interruption médicale de grossesse). Les deux services sont différents, mais finalement, dans les deux cas, l'interruption de grossesse semble être l'issue la plus sage.

Je vais abandonner mon bébé, c'est tout ce que je sais.

23 novembre 2021

Nous avons d'abord rendez-vous au planning familial de l'hôpital. Beaucoup de femmes patientent en salle d'attente, des jeunes, des moins jeunes. Ici, on parle IVG, et non IMG. Je suis une des seules à être accompagnée d'un homme. Je sens que c'est un service particulier, on nous dit que je ne peux pas assister à la consultation médicale avec mon mari, car il y a régulièrement des cas de violence psychologique. En fait, certains hommes forcent leur copine ou leur femme à avorter, l'hôpital a donc généralement besoin de savoir si nous sommes pleinement conscientes, en tant que femme, de notre acte.

Je suis atterrée, je ne me sens pas du tout à ma place.

J'explique à notre interlocutrice que nous venons de passer par une très longue PMA, et qu'il s'agit de notre premier bébé.

Si je pensais savoir ce qu'était la tristesse, ce que je vis en ce moment la fait paraître insignifiante.

Mais dans le monde médical, il y a peu de place pour les sentiments. La femme qui nous reçoit – une interne, je pense – me dit que mon bébé n'est qu'un fœtus, et qu'ici « attention, il ne faut surtout pas parler de bébé ».

Je suis tellement écœurée que je ne dis rien. Elle insiste encore pour que mon époux sorte du cabinet, pour pouvoir m'examiner. Non, j'ai besoin de lui, je lui redis que nous ne sommes pas dans le cas de figure d'une IVG « ordinaire ». Il doit rester.

Je lui demande ensuite comment se passe l'interruption de grossesse. Elle me dit qu'il s'agit d'une aspiration sous anesthésie générale. Deux médicaments pris à quelques heures d'intervalle provoqueront des contractions au préalable. L'anesthésie générale me rassure, car je sais qu'après 15 SA, il ne s'agit plus d'une aspiration, mais d'un accouchement en salle de naissance.

L'accouchement d'un bébé mort.

Je ne peux pas imaginer vivre ça.

Je lui demande si notre bébé souffrira de cette aspiration, et où ira son corps après l'avortement. Elle me dit que non, les fœtus d'une si petite taille ne ressentent rien, et nous explique qu'il sera considéré comme un « déchet organique », « un amas de sang », et qu'il sera donc incinéré.

Je suis anéantie.

Et puis on parle enfin de diagnostic anténatal. Elle nous met en garde – l'IVG, contrairement à l'IMG, même s'il s'agit de la même technique – par aspiration avant 15 SA –, ne permet pas de faire d'examen chromosomique sur le fœtus – pas de choriocentèse par exemple, qui autorise le prélèvement de cellules dans la masse du placenta.

Autre grosse différence, pour avoir des résultats optimaux, en cas d'IMG, il faut attendre plusieurs semaines pour avorter : cela permet de faire une amniocentèse, opération permettant de prélever du liquide amniotique, et à mon stade de grossesse, justement c'est encore trop précoce pour ça.

Donc ? Attendre encore ? Pour quelques examens supplémentaires ? Non, je ne suis même pas prête à attendre encore un jour de plus, alors des semaines ? Se rendent-ils compte de l'effort qu'ils exigent de moi ? Vivre avec mon adorable bébé dans ce ventre qui s'arrondit de jour en jour, puis le mettre au monde, mort-né ?

Les jours qui passent sont extrêmement pénibles, je ne fais que pleurer, et la semaine qui s'écoule est la plus difficile de mon existence. Je suis comme hors du temps. Un état vaseux, où plus rien ne semble avoir d'importance. Inconsolable. On vient d'emménager dans un nouvel appartement, cela aurait dû être le plus beau moment de notre vie avec l'arrivée d'un bébé tant attendu.

Mais non. Je m'enferme dans notre chambre, j'écoute de la musique, je me morfonds. Je ne fais que regarder les dernières images de l'échographie de notre bébé, son visage si parfait..., un visage que je n'aurai jamais la chance de voir. J'épluche aussi tous les forums autour du deuil périnatal, et je me rends compte qu'on est des milliers à le vivre, ou à l'avoir vécu. Il y a même des associations qui peuvent nous venir en aide.

Mes parents tentent de me joindre, en permanence, mais il est impossible pour moi de décrocher un mot. Je communique par messages seulement, puis je m'efface. Pourtant accro à mes réseaux sociaux, je les délaisse aussi plusieurs semaines. Je ne souhaite parler à personne. Mon âme sœur est le seul qui a le droit de m'approcher. Lui seul me comprend vraiment, et je vois bien à quel point il est bouleversé.

J'ai tout foiré. C'est moi. C'est moi la matrice de ce malheur, la porteuse de cette tragédie.

Je réfléchis intensément à la situation, je dors extrêmement mal. Que doit-on faire ? J'envoie des mails et je téléphone à plusieurs médecins. J'essaie de trouver une consultation pour une IVG le plus vite possible, mais je ne trouve aucune disponibilité. Puis je m'en veux ensuite de vouloir m'en débarrasser si vite. Les doutes reviennent. Est-ce que la vessie de mon enfant ne va pas se rétracter ? Et la main bote, c'est opérable peut-être ? Le cœur défaillant, Docteur L. a peut-être mal vu ?

Nous le voulons tellement ce bébé, c'est notre bébé miracle. Si j'avais pu, je lui aurais donné ma vie.

Enfin, j'arrive à joindre l'échographiste, et la discussion met fin à nos questionnements. Il nous explique qu'il soupçonne très nettement une trisomie 13, et me tient un discours assez cruel. Notre bébé naîtrait avec « un cerveau d'animal », m'informe-t-il, alors il faut que j'avorte « sans aucune culpabilité ou regret ».

Je suis outrée, mais je comprends qu'il me dit ça pour me faire un électrochoc, me sortir de ma torpeur et me faire prendre conscience des difficultés que nous pourrions affronter si ce bébé venait au monde. Nous appelons aussi notre gynécologue, une nouvelle fois, qui nous tient exactement le même discours. Il me rappelle que je suis « très jeune » – j'ai alors vingt-neuf ans – et qu'élever un enfant aussi durement handicapé est une épreuve presque insurmontable.

Je suis abattue, mais tous ces mots, en réalité, nous confortent dans notre première décision.

C'est un non-choix…

25 novembre 2021

Nous prenons notre décision à contrecœur. Et si nous avons de toute façon pris rendez-vous pour une IVG lundi prochain, nous rencontrons comme prévu le service de diagnostic anténatal de l'hôpital. Nous sommes jeudi, déjà trois jours que nous surmontons le pire. Un miracle est-il possible ? Nous rencontrons Docteur A., une femme cette fois, qui nous fait passer une échographie, accompagnée de plusieurs internes. Mon doux amour est bien sûr à mes côtés, il est d'un soutien sans faille, je l'aime tellement.

Mais rien n'a bougé : notre petit bout est toujours là, avec toujours cette énorme vessie, cette main bote, ce cœur anormal. Je m'étais promis de ne pas regarder ce bébé à l'échographie, pour ne pas m'attacher, mais c'est impossible. Il est merveilleux notre bébé, il semble incroyablement joyeux et éveillé, on le voit sursauter plusieurs fois, comme s'il nous disait « Eh, je suis là maman ! » J'essaie de détourner le regard. C'est vraiment difficile pour moi, et en écrivant ces mots, mon âme saigne à nouveau et les larmes coulent sur mon visage. J'ai la sensation que mon enfant m'appelle à l'aide, et le sentiment de le laisser tomber, alors que je l'aime plus que tout. Cette image me hante encore aujourd'hui, je ne l'oublierai jamais.

Docteur A. nous explique que notre dossier va passer en commission et que nous pouvons programmer l'IMG le mardi qui vient. Cela nous permettra au moins d'avoir le résultat du caryotype, seul examen possible justement à 13 SA. Alors nous annulons l'IVG du lundi pour passer sur une IMG le jour d'après. Hasard de la vie, j'avais posé des congés cette semaine-là. Comme si l'univers savait…

D'ailleurs, au travail, j'ai immédiatement prévenu la direction et j'ai missionné une collègue pour expliquer ma situation, celle qui était justement passée par la PMA. À vrai dire, c'est la seule amie sur qui je peux compter à cette période, celle qui est la plus présente, même si nous ne sommes pas si proches dans la vie. Elle a pris de mes nouvelles chaque jour, et pour ça, je lui en serai toujours reconnaissante. D'autant plus qu'elle était enceinte à ce moment-là, et j'étais si heureuse de partager avec elle ma grossesse… Avec le recul, je me dis que c'est dur ce que je lui ai fait endurer et je m'en veux un peu, je n'aurais pas aimé qu'on m'impose cela dans la même situation… Mais elle me donne de précieux conseils : le fait de devoir passer à autre chose, me préparer à lui faire des adieux.

Je n'y avais même pas pensé, dire adieu à mon bébé…

Je pleure à chaque heure, mais je sais qu'elle a raison, que malgré ce que disent les médecins – qu'il ne s'agit selon eux que d'« un fœtus », d'« un amas de sang », d'« un cerveau d'animal », « où il n'y a que de l'eau » –, je vais devoir me préparer à ce deuil. Alors, dans cette peine infinie, je décide tout de même de prendre la plume ce jour-là, pour lui dire adieu, pour te dire adieu, en regardant des photos, ces photos de toi, mon bébé…

> 28 novembre 2021
> C'est très dur pour moi d'écrire ceci, mais je le fais pour te dire au revoir. À toi, celui qui fait maintenant partie de notre histoire, mon petit bébé, mon petit cœur de douze semaines. Nous t'aimons si fort, nous t'attendions avec impatience, mais nous avons appris que tu souffrais,

à l'intérieur de moi. D'abord, ce gros trou noir indésirable au milieu de ton ventre : ta vessie, apparemment beaucoup trop grande pour ton petit corps, qui encombre le tiers de sa surface. Nous qui pensions qu'il n'y avait « que ça », le sort s'acharne, encore – on nous montre aussi ta petite main bote, et seulement les trois petits doigts de ta main droite. Enfin, le plus grave – la totale –, on te détecte une malformation cardiaque. Ce cœur que j'entends encore pourtant résonner si sainement, si normalement.

Je n'arrive pas à croire que nous te disons adieu. Je m'en veux terriblement de t'abandonner, de te laisser tomber. Je culpabilise tellement, mais doit-on t'infliger toutes ces souffrances ? Je ne sais pas pourquoi, si jeune, ton espérance de vie est si courte. Car on nous l'a confirmé : si la grossesse va à terme, tu ne survivras pas des jours, voire des heures. Je suis si désolée mon bébé, mon tout-petit. Je n'arrive pas à détacher mes yeux de toi et à retenir mon chagrin. Mon cœur de maman saigne, cette maman que je rêve d'être et de devenir depuis cinq longues années. À vingt-neuf ans, cette septième FIV, ce quatorzième embryon transféré devait enfin être le bon, mais visiblement l'univers en a décidé autrement. J'ai l'impression d'être un gros chat noir. Et j'entends déjà à l'horizon ces nouvelles annonces de grossesses qui viendront me briser le cœur et me rappeler à quel point je suis inapte à te donner la vie. Ce feu intérieur qui continuera à consumer mon âme. Mon bébé, je dois te quitter, toi qui as partagé mon corps pendant trois longs mois. Je t'aimerai pour toujours. Je t'aime pour toujours, tu resteras le premier bébé qui m'a acceptée, notre première victoire, notre réussite, notre gagnant, notre héros, notre *warrior*. Tu es ma vie, et tu feras toujours partie de moi.

30 novembre 2021

6 h 45

Nous voici arrivés à Port-Royal. 48 heures avant, je prenais ce comprimé pour dilater mon col, et pour que les médecins puissent procéder à une aspiration sans difficulté. J'ai quelques contractions. Arrivée dans la chambre, on me prépare pour la perfusion et je dois prendre un autre comprimé, qui cette fois devrait provoquer de plus intenses contractions. Même si j'hésite, finalement, je le prends quand même.

Je n'aurai pas dû…

Trente minutes après, ce sont des spasmes infernaux qui prennent possession de mon corps, à me plier en deux. Je me plains à l'infirmière, qui m'indique que je dois initialement passer à 10 heures ! Mais pourquoi nous fait-on venir aussi tôt ? Impossible d'attendre si longtemps ! Je me tords dans tous les sens, moi qui pourtant, vous le savez maintenant, ai une forte résistance à la douleur.

Enfin, ça y est, on me prend en charge.

La peine laisse place à une douleur physique incontrôlable. Déjà presque une heure que ça dure. Je pense alors à mon bébé… Ces contractions ont déjà certainement provoqué son arrêt cardiaque, comme me l'avait dit l'interne au service IVG. Cette pensée me détruit.

Je suis sur mon brancard, ils m'ont allongée, mais je ne tiens plus en place, je pleure et je crie, c'est vraiment trop douloureux. Tant pis s'il y a du monde autour de moi, je sens que je ne peux plus supporter tout ça. Plusieurs infirmières viennent à la rescousse, et tentent de me rassurer. Tout le monde comprend qu'il est temps de m'aider et de faire sortir mon bébé. J'arrive dans la pièce opératoire, je comprends qu'ils m'ont fait passer en urgence, car on me met directement un masque à oxygène sur le visage, et on m'anesthésie. Quelques secondes auparavant, on me dit de penser à quelque chose qui me rend heureuse. Je pense à celui sur qui je peux toujours compter, malgré son humeur chancelante et son mauvais caractère, à ses mains toutes chaudes de « papa », comme je le dis depuis toujours. À ses bras si réconfortants que je vais retrouver. Cette pensée m'apaise un instant, puis on m'endort…

C'est le black-out.

Je me réveille quelques heures plus tard, le ventre vide, le néant dans l'utérus.

Mon bébé n'est plus, et ne reviendra plus.

Besoin de prendre l'air. Rapidement. De fuir ces proches qui nous disent qu'« il valait mieux que ça arrive maintenant que dans trois mois », que « maintenant que tu es tombée enceinte, ton corps est habitué alors le prochain sera facile ».

Ils ne comprennent pas. Ils ne comprendront jamais. Je les déteste, ces jours-ci. Je déteste tout le monde. Rien ne pourra remplacer mon bébé. Ces réflexions me font mal. Mon bébé a existé, mon bébé a compté.

Le jour d'après, nous partons à la montagne avec un certain nombre de restrictions : pas de sport, pas de bain, pas de piscine. Il faut éviter les infections. Espérons qu'il n'y aura pas de complications.

L'air frais nous fait du bien. On s'est ressoudés, et je sens que notre amour est invincible. L'hôpital nous appelle pendant notre séjour pour nous donner les premiers résultats du caryotype du fœtus : pas de trisomie, finalement. Ni 13, ni 18, ni 21. Il pourrait s'agir d'une autre anomalie, ou tout simplement d'un handicap général. C'est censé nous rassurer, mais cela nous porte un coup au moral : et si nous avions fait le mauvais choix ?

L'échographiste, Docteur L. nous rappelle quelques jours plus tard pour demander de nos nouvelles, c'est gentil. On lui explique qu'il n'y a pas eu de trisomie détectée, lui qui disait que notre enfant naîtrait avec « un cerveau d'animal ». On se questionne… Il nous dit que nous avons fait le bon choix, que la malformation cardiaque était grave, ainsi que la vessie et la main. Et que s'il y avait eu ne serait-ce qu'une seule hésitation, le comité du diagnostic anténatal n'aurait pas validé l'IMG.

Quelques jours plus tard, nous avons rendez-vous à l'hôpital pour faire le bilan. Puis on nous l'annonce…

C'était une fille. Notre petite fille…

Troublants sont les réseaux sociaux. Depuis quelques mois, les comptes de filles en PMA ont émergé sur Instagram. Des centaines de filles portent en étendard leur infertilité. Comme un blason familial, leur dure réalité :

Emma, 31 ans.
1FC, 2IMG, 1GEU.

Un compte qui semble te dire, et toi t'es à quel niveau ?

Si seulement ces comptes avaient existé quand je me sentais si démunie, il y a encore cinq ans.

Aujourd'hui, je me retrouve parfois dans certains témoignages, et parfois non, j'ai l'impression d'être déjà une vétérane par rapport à certaines qui ont fait des comptes dédiés à leur parcours, alors que leur combat est tout récent. Certaines arrivent à en parler si facilement.

Je tente de me convaincre qu'il n'y a pas d'échelle de la douleur, même si je ne le pense pas du tout. En réalité, je pense qu'une femme qui a perdu son bébé à huit mois de grossesse ne ressent pas la même chose que celle qui a vécu une interruption de grossesse à huit semaines. Ces pertes sont toutes deux atroces, mais il faut être lucide. Comme la douleur de celle qui vient d'échouer à sa première tentative de PMA n'est pas la même que celle qui en est déjà à sa dixième.

Enfin, nous ne sommes pas tous égaux face à l'adversité. Je sais que je suis forte, et que j'ai cette faculté à vite rebondir. J'arrive à relativiser, et à me dire que oui, il y a toujours pire que mon petit cas social. Nous sommes sept milliards d'êtres humains sur terre, et il y a des guerres, il y a des morts, il y a des abus de toute sorte, alors vraiment ma peine, aussi abyssale soit-elle, et ma petite personne ne représentent rien du tout dans cet univers.

Alors je souris, beaucoup. Je ris, beaucoup. Je privilégie souvent le confort des autres, quitte à m'abandonner. J'ai envie que les gens m'apprécient, sans trop savoir pourquoi, alors souvent je m'épuise. J'épuise mon énergie et ma gentillesse, parfois pour des personnes qui n'en valent pas du tout la peine. Sans aucune raison. C'est stupide, mais je suis comme ça.

Si vous saviez comme j'ai envie, de temps à autre, d'aller dire à de vrais égoïstes, hypocrites ou opportunistes d'aller se faire voir, d'arrêter de faire semblant quand je me sens juste seule, incomprise, et vide. Comme j'ai envie de pleurer un bon coup, sans me soucier du regard des autres. De dire vraiment ce que je pense.

Mais j'ai du mal à extérioriser ma peine. Les gens que je côtoie n'imaginent pas ce que je traverse.

Alors je garde tout ça pour moi.

Je l'imagine souvent, ma fille. Elle me manque. J'évite de regarder des photos de l'échographie. Ce n'était pas qu'un « têtard ». C'est mon bébé. À quoi aurait-elle ressemblé ? Aurait-elle été blonde, comme moi je l'étais ? De quelle couleur auraient été ses yeux ? Quelle odeur aurait-elle eue ? Ces pensées me dépriment, et je sais qu'elles seront toujours là. Il n'y a pas une seule journée où je ne pense pas à ma fille que j'ai dû sacrifier. Voir les autres avancer, quand moi je reste au point mort, me tue.

Alors, n'en voulez pas à cette femme infertile. Celle que vous ne soupçonnez pas dans votre entourage. Ne lui en voulez pas si elle n'a pas réagi comme vous auriez aimé qu'elle le fasse à l'annonce de votre bonne nouvelle. Ne lui en voulez pas de ne pas être là aux *baby-shower*, circoncisions et autres nominations. De ne pas être là aux anniversaires de vos bébés et autres présentations. Pour elle, c'est une épreuve. Ne lui en voulez pas d'ignorer vos photos de grossesse, d'échographies et de nouveau-nés. Ne lui en voulez pas pour ses éloignements et ses silences. Ne lui en voulez pas d'être en colère, triste et désespérée. Ne lui en voulez pas d'avoir besoin de temps. En réalité, elle n'arrive pas à faire semblant. Elle ne vous en veut pas à vous, elle s'en veut à elle. Elle s'en veut de ne pas partager tous ces moments avec vous. Tout ce qu'elle veut, c'est du soutien, de l'écoute, de la compréhension. Elle ne veut pas se sentir exclue. Mais elle l'est, forcément. Elle veut se sentir femme, elle aussi.

24 janvier 2022

Je reviens dans la course, deux mois seulement après mon avortement. Je ne veux pas laisser la peine prendre le contrôle de ma vie. Alors nous avons enchaîné, et c'est bientôt ma huitième ponction. Après plusieurs jours de stimulation, je suis fin prête pour la récolte de mes ovules. Apparemment, je suis sur un excellent cycle, bien mieux que les précédents. Et, effectivement, c'est le cas !

À mon réveil, dix-huit ovocytes ont été récupérés, un vrai record. Je ne sais pas si vous vous rendez compte du progrès : en 2018, à ma première FIV, trois malheureux petits ovules avaient pu être prélevés. Dix-huit, quatre ans après !

Vingt-quatre heures plus tard, on m'appelle pour me dire que neuf ovules ont été fécondés. Et cinq jours après, on m'annonce contre toute attente que cinq embryons sont arrivés à J5 ! Cinq très beaux blastocystes. C'est une première, je suis heureuse, l'espoir renaît. Et dire qu'il y a encore un an, on pensait ne jamais créer de beaux J5. Enfin, le transfert ne se fera toutefois pas tout de suite. On décide de tout congeler et de reporter sur un prochain cycle. On part en vacances au mois de février, alors il se fera sur celui de mars.

Arrive le troisième mois de l'année, le joli printemps, et mon traitement pré-transfert : les cachets Provames, la poudre Aspegic, les piqures de Progiron. Mais ces derniers jours, mon mari est malade. Comme un bon gros rhume. Je lui dis d'aller faire un test Covid, mais non il est persuadé que ce n'est rien, « juste le changement de saison » selon lui. Deux jours plus tard, je commence moi aussi à avoir mal à la gorge, à tousser. Nos tests antigéniques reviennent positifs. Fichtre… Deux ans tranquille et bam ! ça te tombe dessus, sans prévenir. Malgré trois vaccins ! Je dois donc tout annuler. Impossible de faire un transfert en ayant le coronavirus, cela peut être dangereux pour le fœtus, causer son décès ou des malformations…

Je suis si énervée ! Énervée contre mon mari de ne pas avoir fait attention, et surtout désespérée de devoir encore attendre un mois pour mon transfert. Je suis de plus en plus impatiente, et cela pèse sur mon moral.

22 avril 2022
Arrive notre nouveau TEC.

Interro surprise ! Combien de transferts ? Je ne les compte même plus. Vous qui avez lu ce livre, faites-le pour moi.

Les deux semaines passent. Je ne me sens pas particulièrement enceinte. Je sens vraiment que je ne le suis pas. Et j'ai raison.
Taux d'HCG inférieur à 5 UI/L…
Je ne suis pas enceinte.

Enfin, je m'acharne, je demande au professeur si on peut continuer sur cette lancée, refaire un transfert sur ce cycle. Je suis toujours sur le ring, je ne suis pas totalement à terre, même si je commence à changer d'apparence. J'ai grossi, je me sens laide, de plus en plus mal dans ma peau. Je m'en fiche, néanmoins. Je veux mon bébé. C'est mon combat. Je ne lâche rien, la lutte continue, mes gants de boxe toujours avec moi. Reprendre les armes, toujours, encore, c'est mon leitmotiv…

Il nous reste une semaine avant le nouveau transfert, mais le sort s'acharne : moi qui ai l'habitude depuis quelque temps de me déplacer en trottinette, je fais une mauvaise chute en plein Paris. Une chute vertigineuse, sur le dos, sous une pluie battante. Direction les urgences... Fracture de la L2. Je reste hospitalisée pendant 4 jours et dois porter un corset pendant un mois et demi au moins. Donc annulation encore du nouveau transfert…

7 juillet 2022

C'est bon, cette fois je suis prête. Après deux transferts annulés pour cause de Covid et chute de trottinette, on va finir par y arriver ! Je suis heureuse, et même optimiste. Mon utérus est parfait, selon le professeur Fanchin : l'endomètre est épais, régulier. Je suis apte à accueillir notre embryon. Tout roule, et notre transfert tant attendu se déroule magnifiquement bien, comme d'habitude maintenant.

Gonflée aux hormones, je suis hyperpositive pendant dix jours, jusqu'au test de grossesse. Du moins, j'essaie. Vous savez ce que c'est, les montages russes… L'excitation, la joie, puis arrivent le doute et la tristesse. En tout cas, cela me paraît positif. Nausées, remontées gastriques, fatigue, mal aux seins…

17 juillet 2022

6 heures

Nous sommes dimanche, encore à l'aube. Test de grossesse en main, sensible à 25 UI/L.

S'affiche une barre horizontale… puis la verticale. Une croix ! Il y a une croix sur le test ! Je suis enceinte !

Je réveille mon mari et lui annonce la bonne nouvelle. Nous sommes en joie. Je tire des plans sur la comète, je prévois même ma date d'accouchement : 25 mars 2023. Puis le stress revient. Les images de l'IMG tournent en boucle dans ma tête, cette peine infinie. Je n'ai pas vraiment digéré. J'ai peur. Et si je perdais cet enfant à nouveau ? Je ne veux pas m'exciter pour rien, mais tomber enceinte est tellement rare pour moi… Allons donc faire la prise de sang… Une nouvelle rassurante : taux à 41 UI/L, un résultat correct pour un onzième jour post-transfert. Je prévois d'y retourner le lendemain pour confirmer que le taux augmente bien.

La soirée passe et je n'arrive pas à trouver le sommeil. Impossible de dormir. Je suis angoissée, comme si j'avais à nouveau une mauvaise intuition. D'ailleurs, je n'ose pas le dire à mon homme mais je le pense fortement, cette nuit-là : je ne le sens pas. Mon embryon ne va pas survivre, je le sens, il y a quelque chose qui cloche.

18 juillet 2022

9 heures

Le même laboratoire. Prise de sang, toujours les mêmes questions. Date des dernières règles ? « 23 juin, Madame… » Je connais ça sur le bout des doigts, j'imagine que les secrétaires sont surprises que je donne la date aussi vite.

Il est onze heures. Puis arrive midi, puis treize heures, quatorze heures. Je n'ai toujours pas la réponse à ma question. J'appelle le labo. J'attends une bonne quinzaine de minutes. Puis on sonne enfin le glas de ma terrible attente.

— Taux à 31,47 Madame.
— 31,47 ?
— Oui.
— Ah. »

31,47. Le taux a baissé. On ne s'y attend jamais vraiment. J'y croyais, sans y croire. Je suis en train de faire une « fausse couche » très précoce, comme il y a deux ans. Une grossesse biochimique dans le jargon médical. Mais quelle valeur cette grossesse peut-elle avoir aux yeux du monde ? Aucune, à part aux miens. Le début de quelque chose qui n'aboutira finalement pas.

J'ai l'impression d'être figée dans le temps. Bloquée. Je suis furieuse depuis si longtemps. Vraiment en rogne. Une rage sombre que je garde pour moi, que je ne divulgue pas, ou alors rarement, à mes amis les plus proches, ceux qui sont restés, du moins. Je suis tellement enragée de ne pas avoir mon bébé, de subir tous ces traitements qui me tabassent, et enragée de voir d'autres filles y arriver si facilement. Elles arrivent à le programmer, même, au mois près. C'est fou. C'est si injuste pour moi de savoir qu'elles détiennent ce pouvoir inouï.

J'ai vraiment peur pour mon avenir. J'ai peur de ce que je vais devenir sans enfant. J'ai peur en permanence.

27 juillet 2022

Je me retrouve à cette soirée d'enterrement de vie de jeune fille. Celui d'une petite-cousine éloignée qui va convoler en justes noces cet été. Je suis à fleur de peau, encore affectée par ce que nous venons de traverser. Au cours de cette soirée arrive une fille, une vieille connaissance que je n'ai pas vue depuis au moins cinq ans. Elle approche, exhibant son gros ventre de quatre mois de grossesse à la vue de tous. Elle a rencontré son amoureux pendant le confinement, elle s'est mariée il y a à peine six mois, et la voilà enceinte. Ce n'est pas quelqu'un que j'affectionne particulièrement, à vrai dire je m'en fiche, c'est bien pour elle. Mais la voir porter la vie me déprime encore un peu plus. Car j'étais déjà en manque de bébé qu'elle n'avait pas encore rencontré son mari.

Est-ce que je m'en fiche vraiment ? Non, je mens. Tout au long de cette soirée, malgré mes sourires faux, je n'arrête pas de penser à mes échecs. Je regrette d'être venue en fait, je sais que ça ne me fait pas du bien. Puis d'un coup, ma cousine lance, un peu par gaffe, que la fille à côté de moi – et avec qui je converse depuis une heure – est, aussi, enceinte. Ma tête est prise dans un étau. J'essaie de garder la face. Pourquoi je réagis comme ça ? Je ne le veux pas. Je veux être parfaitement indifférente à ce bonheur. Mais je n'y arrive pas.

Je suis un cas d'école. J'ai l'impression d'avoir épuisé toute ma joie de vivre. Je lutte pour rester celle que je suis, innocente et joyeuse. Je dois pourtant sortir de cet engrenage. Car je sais que les annonces de grossesse vont se multiplier. Je dois apprendre à vivre avec. Mais comment ? Comment lutter contre mes idées noires ? Je me demande si je dois aller revoir un psychologue, mais la dernière expérience ne m'a pas trop plu. J'ai également peur d'être jugée, même par un psy qui ne me connaît pas. Je ne veux pas voir dans ses yeux quelque chose qui me déplairait. Mais je dois bien l'avouer : je me déteste de plus en plus. Je me rends compte que c'est moi qui juge les gens. Je déteste ce que je suis en train de devenir malgré moi. J'ai dû l'écrire, pour en prendre conscience et me soigner.

Au travail, il m'est également de plus en plus difficile de tolérer certains comportements, surtout quand je suis sous hormones. J'ai du mal à retenir mes émotions et à faire semblant avec des gens que je ne supporte plus.

Je me pose tellement de questions sur l'avenir. Mon infertilité est un fléau. Si encore je n'avais pas voulu d'enfant…

12 septembre 2022

Il nous reste trois embryons. Nous allons donc transférer un seul embryon ce jour. Il s'agit précisément du dix-septième, j'ai compté ! Dix-septième potentiel futur bébé…

Je ne vais pas détailler la suite. Vous connaissez la musique, maintenant. Dix jours toujours pleins d'espoir, d'optimisme, puis de désillusions.

Puis un premier test de grossesse : positif !

Les deux barres s'affichent au bout de cinq bonnes minutes. Deuxième test de grossesse le jour suivant, toujours positif. Puis prise de sang.

Taux d'HCG < à 5 UI/L.

Bon. Grossesse biochimique à nouveau, donc je ne suis pas enceinte, une fois de plus.

Faisons le point : il nous reste désormais deux embryons au frais, et nous avons demandé au professeur Fanchin de faire le prochain transfert en duo. Car nous en avons vraiment assez d'attendre à chaque fois, et de procéder toujours un par un. De toute manière, étant donné que chaque embryon a son potentiel d'implantation, si aucun des deux n'est bon, aucun ne prendra. Alors autant en finir et repartir sur quelque chose de nouveau. Je me renseigne justement sur les possibilités qui s'offrent à nous à l'étranger, envisageant déjà un nouvel échec.

Car oui, un des problèmes concernant la FIV en France, c'est que l'on ne peut pas faire de diagnostic sur l'embryon – sauf maladie génétique ou chromosomique héréditaire – pour détecter une potentielle anomalie, qui entraînerait *de facto* un échec d'implantation, une interruption spontanée de la grossesse ou une IMG – ce qui, selon le professeur René Frydman, est une aberration. Comme il l'a expliqué au micro de Rebecca Fitoussi dans une interview sur la chaîne Public Sénat au mois de novembre 2021, 60 % des embryons que les médecins replacent dans l'utérus des femmes ne s'implanteront pas, mais ils ne savent pas lesquels ! Par crainte de l'eugénisme, on fait ainsi perdre un temps fou aux femmes en PMA. À noter qu'un diagnostic est toutefois possible en France pour les couples dont l'un des deux caryotypes est problématique. En outre, à l'hôpital Foch, depuis avril 2024, les médecins ont eu l'autorisation parlementaire de mener une étude sur les femmes qui font des « fausses couches » pour leur accorder ce test, mais seulement pour les femmes de plus de 35 ans.

Cela devrait se démocratiser, selon moi. Il s'agit simplement de vérifier s'il y a une anomalie, et non pas de choisir le sexe ni la couleur des yeux. Le gouvernement français a décidé de privilégier d'autres éléments dans la loi de bioéthique, et pourtant, ceci est une urgence.

Bref, nous sommes obligés de nous renseigner sur les procédures d'autres pays pour pouvoir bénéficier de cette technique. L'Espagne est un bon choix, mais il y a aussi des cliniques en Italie, en Grèce, en République tchèque… Les prix varient selon les pays, et les méthodes de FIV (ICSI, IMSI…). Enfin nous n'y sommes pas encore, de toute façon.

8 octobre 2022

C'est malgré tout notre dernière chance avant l'Espagne probablement. La France, j'ai donné. Nous devons donc signer un papier de consentement pour le transfert de nos deux derniers embryons à Paris et écrire que nous avons conscience des risques encourus : la possibilité d'une grossesse gémellaire, avec de potentiels problèmes sur les bébés s'ils venaient à naître.

Le transfert de nos deux Findus se déroule donc cet automne 2022, toujours sans aucune douleur avec notre professeur adoré. Vraiment rien de particulier à signaler. D'ailleurs, je ne m'attends à rien. Puis nous partons en vacances en Italie, à Rome, histoire de nous faire patienter avant la prise de sang.

C'est un voyage au cours duquel je remets tous mes choix en question, je réfléchis beaucoup. Je ne compte pas abandonner, mais je pense de plus en plus au don d'ovocytes, d'autant plus que, quelques jours auparavant, j'avais été bouleversée par une rencontre à la radio avec le professeur Olivennes pour une interview sur son livre autour de la PMA (interview que vous pouvez retrouver sur Youtube). En coulisses, je venais de lui déballer, en cinq minutes, six ans de combat. Étonné par ce parcours épineux, et comprenant que je faisais donc partie de ces jeunes femmes avec des ovaires très paresseux, il me conseilla avec enthousiasme de tester le don d'ovocyte.

Comme si c'était aussi simple… C'est un autre parcours. Cette conversation m'a un peu affectée, et je n'ai pas cessé d'y penser les jours suivant le transfert.

En voyage à Rome, on discute donc vigoureusement avec mon mari de cette possibilité, pour laquelle il se montre réfractaire au possible. Hors de question pour lui de mélanger son ADN avec une femme qu'il ne connaît pas. Pour moi, ça n'a aucune importance… Je comprends certes cette position, mais je la regrette, car à mes yeux maintenant c'est la seule solution pour que je sois enceinte d'un bébé viable. Oui, je crois que j'ai accepté l'idée de porter l'ovule d'une autre. Et je me rassure – au-delà de ce que dit la religion juive à ce sujet et dont on a déjà parlé. Il y a ces études très intéressantes sur l'épigénétique : les cellules humaines reçoivent en effet en permanence toutes sortes de signaux les informant sur leur environnement, de manière qu'elles se spécialisent au cours de leur développement, ou ajustent leur activité à la situation. Ainsi, le fœtus, s'il n'est pas biologiquement lié à la mère porteuse, peut prendre aussi certaines de ses caractéristiques !

Mais la vérité, c'est que je m'en fiche. Après tout, l'important n'est-il pas d'élever un enfant, de le chérir, qu'importent ses gènes ? Je veux tellement un enfant, alors je lui retourne la question : et si c'était toi, chéri, qui avais un problème de sperme ? Aurait-on fait un don de sperme, ou aurais-tu préféré rester sans enfant ? Évidemment, nous ne sommes pas dans ce cas de figure, alors nous arrivons à un point de rupture dans notre conversation. Le don d'ovocyte c'est un non catégorique pour mon mari, et donc un non pour notre couple…

Soyons patients, il nous reste quelques jours avant la prise de sang.

Le combat contre l'infertilité est invisible. C'est un tabou qu'on aborde peu, par pudeur, par honte ou gêne. Mais si on en parlait, cela ne dédramatiserait pas un peu la situation ? Car effectivement, contrairement au mythe, créer la vie, porter la vie et donner la vie, ce n'est pas toujours aussi facile qu'un soir d'amour pendant une nuit de noces. Ce n'est pas forcément tomber enceinte trois semaines après son mariage. Et si je fais la distinction entre « créer, porter et donner la vie », c'est parce que quand tu es une vraie galérienne – pas celle qui a attendu un an, désolée ! –, le sens de chacun de ces mots est littéral.

Créer un bel embryon, déjà. ÉTAPE 1.

Porter ton embryon pour qu'il tienne. ÉTAPE 2.

Accoucher de ton bébé, sans complication, sans mauvaise nouvelle. ÉTAPE 3.

Quand tu es infertile, tu ne te réjouis plus de ton test de grossesse. Ta bonne nouvelle, tu ne l'annonces pas, tu ne commences même pas à envisager quoi que ce soit. Tu attends. Jusqu'à la fin. Que ce soit ok. Tu vérifies ta culotte tous les jours. Tu scrutes la moindre perte de symptôme. Tu veux être sûre que ton bébé ne va pas mourir. Voilà, c'est ça l'infertilité. Penser à la mort de ton bébé.

Une échographie pour toi, ce n'est pas un moment cool où tu vas pouvoir regarder ton enfant et lui dire bonjour. C'est un moment que tu appréhendes. C'est savoir s'il est vivant.

Ou s'il va survivre. Beaucoup d'attente, des cycles sans fin, des dates de règles connues par cœur, des piqûres, des cachets, des ménopauses, des kilos et des kilos dans la tronche sans pouvoir les arrêter. Ce sont des journées à te questionner sur le sens de ta vie. C'est ce prénom que tu rêves de donner et dont tu as si peur qu'il te soit dérobé par une proche. C'est ça aussi, l'infertilité.

21 octobre 2022

Les deux semaines sont enfin passées et, comme d'habitude, les changements physiques se confondent. Grossesse ou progestérone ? Transpiration, douleurs abdominales type règles, nausées, mal aux seins, somnolence… Je suis en état végétatif après avoir mangé, vraiment très fatiguée. Tout cela semble être d'excellents signes.

Et c'est le cas…

Test de grossesse positif à J9 post-transfert. J'en fais même deux qui confirment la nouvelle.

Cette fois, est-ce la bonne ?

En tout cas, la prise de sang explose tous les records. À J10 post-transfert, le 21 octobre, mon taux d'HCG est à… 254 UI/L. Trois jours plus tard, le 24 octobre, je suis à 711 UI/L. Puis ainsi de suite : 1685, et 3537… On se dit que ce sont carrément des taux qui pourraient indiquer la présence de jumeaux et, pour la première fois, on y croit vraiment. Les symptômes ne feront d'ailleurs que s'intensifier au fil des jours. Mal aux reins, envie fréquente d'uriner, migraines, brûlures d'estomac, douleurs de règles, nausées, fatigue toujours…

Le ou les bébés sont là. Je suis enceinte…

Nous faisons la première échographie le 7 novembre 2022, dans le cabinet du professeur Fanchin. Nous entendons à nouveau un petit cœur battre. Évidemment, je suis heureuse, heureuse d'avoir réussi à créer la vie, mais je reste traumatisée par notre passé. Nous ne sommes pas tout à fait sereins, car on sait maintenant que tout peut s'arrêter à n'importe quel moment, et que ce bonheur peut nous être volé… Alors j'attends l'échographie du premier trimestre avec une grande appréhension. Je sais qu'elle est importante, qu'elle seule peut tout faire basculer.

Le traitement que je dois prendre pour que cette grossesse se maintienne est difficile moralement – un traitement commencé cinq jours avant le transfert : une piqûre matinale par jour de Progiron (soit 25 mg de progestérone), quatre comprimés par jour de Provamès (matin et soir), un sachet par jour d'Aspegic, quatre autres ovules par jour de progestérone (matin et soir) et un comprimé par jour de Gynéfam, les fameuses vitamines de grossesse. Tout cela jusqu'à onze semaines d'aménorrhée. Soit dix médicaments par jour pendant soixante-trois jours. La progestérone aide en effet au soutien de l'implantation, à la prévention de fausses couches et à la régulation hormonale, pour compenser une production naturelle supposée insuffisante… C'est difficile, car tous ces médicaments me fatiguent énormément, et la grossesse en soi, le premier trimestre, n'est déjà pas une partie de plaisir, soyons francs. Mais c'est le prix à payer pour les femmes comme moi...

16 décembre 2022

On se retrouve dans un centre d'échographie dans le sixième arrondissement de Paris, à nouveau le même quartier, mais ce n'est pas le même centre que la dernière fois. Mon mari est en effet réticent à revoir Docteur L., même s'il a été excellent et qu'il nous a beaucoup aidés. Trop de mauvais souvenirs à son goût. Alors nous avons rendez-vous avec un tout nouveau médecin, très réputé.

Je déballe à nouveau ce jour l'historique de nos malheurs, j'explique ce qui n'a pas marché lors de la dernière grossesse.

Je suis tellement stressée que j'ai du mal à respirer au moment du passage du Doppler sur mon ventre. C'est parti pour le check-up… Je retiens mon souffle…

Cerveau ? Ok.
Cœur ? Ok.
Mains ? Ok.
Bras ? Ok.
Jambes ? Ok.
Pieds ? Ok.
Vessie ? Ok…

À chaque approbation, je sens notre panique qui s'envole. Docteur B. est le seul à parler, et nous explique tout avec calme. Je pense qu'il a peur aussi, à vrai dire…

L'échographie s'achève.

« Eh bien, il va parfaitement bien votre bébé, félicitations ! »

Je peux enfin respirer, j'en ai les larmes aux yeux. Il nous demande si on souhaite un pronostic sur le sexe du bébé. Bien sûr !

« Je suis plus fiable que la météo… Vous attendez une petite fille… »

Je n'en reviens pas.

« Vous voyez, le bon Dieu se fait pardonner de la dernière fois. »

On est heureux. On attend une petite fille !

Puis il poursuit, en se tournant vers moi : « Vous allez être jalouse… Mais votre mari a l'air d'avoir un grand cœur, alors il y en aura assez pour tout le monde. »

Mon mari est ému, moi aussi. On sort du cabinet avec des papillons dans le ventre. Mais évidemment, l'angoisse revient au galop et je multiplie les échographies les semaines suivantes.

Tout va toujours bien. Notre fille grandit. Je crois que ça y est, tout ce malheur est bien derrière nous…

Mon ventre s'arrondit enfin, mes jambes et mes pieds gonflent, j'ai des crampes nocturnes, je prends 17 kg, mais j'accueille chaque douleur comme une bénédiction.

Je vis la plus belle des choses, c'est la meilleure période de ma vie.

Je l'annonce enfin au compte-gouttes. Même si la peur de la perdre ne me quitte pas, pendant trente-neuf longues semaines.

Je vais être maman.

OUI !
JE VAIS ÊTRE MAMAN !

Vendredi 30 juin 2023

Je m'en souviens comme si c'était hier. 39 semaines que tu étais dans mon ventre, et tu n'étais vraiment pas pressée de sortir ! À chaque monitoring avec les sages-femmes, je raconte avec passion ton histoire, toi le petit miracle de tes parents, arrivée après tant d'années d'errance et de tristesse. Les sages-femmes sont, chaque fois, surprises de mon parcours et de mon âge. Tu es ce qu'on appelle un bébé « précieux » dans le jargon médical, je l'ignorais !

Tu n'es pas encore née que tout le personnel connaît ton histoire. Quand je reviens, j'entends une des matrones dire : « Ah oui, c'est vous qui avez fait 8 FIV !… »

Mais ton rythme cardiaque est lent, et cela inquiète l'équipe médicale. Ils me disent de revenir l'après-midi. Alors, je reviens. La veille de ton entrée au monde, une gentille sage-femme tente un décollement… Autant te dire que non, tu n'avais décidément pas envie de sortir du ventre de ta mère. On te voit sur l'échographie, tu pètes la forme, mais ta tête est vraiment loin du col. La dame me dit que si ça n'a pas changé d'ici le soir même, ils feront un déclenchement le lendemain matin.

On me précise : « Si vous ne sentez plus de mouvement », venez immédiatement.

Samedi 1er juillet 2023

3 heures du matin

Je ne sentais plus autant tes petits coups de pied, qui me rassuraient énormément (autant que tes hoquets). On est donc partis. De toute façon, c'était impossible de dormir sereinement pour moi, ces derniers jours. J'espère que tout va bien. On refait des monitos pendant plusieurs heures… Et c'est décidé, ce sera une césarienne ! Programmée à 11 heures du matin.

Avec les bébés « précieux », on ne prend AUCUN risque.

J'entre donc en salle de naissance, on est en sous-sol, il fait déjà super froid, et avec la péridurale ça va être encore pire. Je suis frigorifiée, et le produit m'endort. C'est super frustrant, moi qui t'ai tant attendue, je voulais que cette rencontre soit exceptionnelle, mais la péri m'achève.

11 h 08

Sept ans à t'attendre, sept ans à te désirer, sept ans à me battre de toutes mes forces pour avoir enfin le bonheur de tenir ta vie dans mes bras. J'ai encore du mal à me rendre compte que j'ai réussi à fabriquer un être humain, si terrifiée de te perdre tout au long de ces derniers mois. Le caractère d'une grossesse est si extraordinaire quand tu galères depuis tant d'années.

Et tu es arrivée, ma fille…

Je porte ce livre comme un journal de bord – j'y ai raconté mes peurs, mes larmes, mes joies –, mais je le porte aussi comme une coupe, mon trophée, ce lourd combat que j'ai remporté. Mon témoignage, un message d'espoir que j'adresse à toutes les guerrières de la PMA, celles qui me lisent peut-être aujourd'hui et qui se sentent condamnées.

Je sais à quel point notre cœur s'accélère et se serre de chagrin à chaque annonce, je sais à quel point c'est dur de faire semblant, de montrer que tout va bien quand tout va mal, cette honte irrationnelle qui nous habite, comme si nous étions coupables de notre sort.

Je sais à quel point c'est épuisant de se demander quand ce sera notre tour quand d'autres, en couple ou mariées bien après nous, ont déjà une équipe de foot, d'avoir notre colère et notre peine infinie si peu comprises, jugées, souvent avec mépris et condescendance, de devoir supporter des réflexions absurdes et incultes et autres conseils non sollicités. Je sais ce que c'est d'avoir l'impression d'être une pestiférée à qui on ne dit ni ne montre rien par peur du « mauvais œil », je l'ai raconté, je l'ai vécu. Mais tout ça n'est rien face à notre force et notre désir irrépressible et si puissant d'être mamans, à nous les infertiles. Nous sommes plus fortes que tous ces obstacles.

Tout peut arriver, il suffit souvent d'une technique, d'un traitement, d'un médecin plus compétent, d'un cycle plus favorable qu'un autre.

Alors n'abandonnez pas. Même quand on pense que nos rêves ne se réaliseront jamais, la vie réserve aussi, parfois, quelques belles surprises… Comme disait Thomas Edison, notre plus grande faiblesse réside dans l'abandon : la façon la plus sûre de réussir est d'essayer encore une fois…

Notre Victoria est née à terme et en parfaite santé le 1er juillet 2023 par césarienne. 3,730 kg pour 54 cm.

C'est une petite fille très belle, très éveillée, adorable et douce, qui ne dort pas la nuit, comme tous les bébés !

Cette petite battante, ce « bébé précieux » comme disent les médecins, nous a choisis, et ce témoignage lui est naturellement dédié, car c'est également son histoire.

Toi ma fille, quand tu auras l'âge de lire ce livre et de le comprendre, sache que tu es la plus belle chose qui me soit arrivée. Tu es mon trésor. Je t'aime d'une force que tu n'imagines même pas. Quels que soient tes choix dans la vie, Maman te soutiendra et sera là pour toi.

Toi mon mari, mon roc, qui n'as jamais failli, qui as toujours su te montrer présent, qui me fais rire et sourire dans les pires moments, je t'aime, et je suis si fière de toi et de l'homme que tu as choisi d'être.

Merci à toutes les personnes qui m'ont accompagnée pendant ce parcours, aux médecins, et surtout au professeur Fanchin qui a cru en moi, nous lui sommes tellement reconnaissants.

Allez, on recommence ?

Postface

J'appréciais la journaliste Ilana Ferhadian, dynamique, impliquée, mais avant tout rigoureuse et attachée aux faits. J'avais plaisir et intérêt à écouter la tranche matinale d'information dont elle est rédactrice en chef, une présentation vivante, dont l'assomption d'une certaine subjectivité permet à l'interlocuteur et à l'auditeur d'être au plus près du réel.

Lorsque j'ai reçu *Sept ans à t'attendre. Journal de bord d'une PMA* de la part de David Reinharc, l'éditeur, pour avis, éventuellement pour la collection Makom que je suis ravi de diriger, et pour en écrire la postface, j'en ai été heureux, mais je m'attendais plutôt à une enquête journalistique sur les procréations médicalement assistées, leur actualité technico-clinique, avec divers témoignages relatant des situations différentes de personnes engagées dans ces protocoles, plutôt qu'à un véritable processus de transmission intriquant expérience personnelle et réflexion profonde sur les problématiques à la fois existentielles et éthiques.

Ce fut un coup de poing ! Un coup de cœur ! Un parcours au vif, le roman d'amour magnifique d'une jeune femme pour son mari, pour la vie, dans la confiance absolue en le sens de donner la vie. Nous ressentons fortement la douleur désintégrante liée à la brisure des rêves les plus anciens, des contes, face à l'épreuve brutale et minante de l'impossibilité à procréer, à concevoir l'enfant attendu, à mener la grossesse jusqu'au bout du bonheur, de la réalisation du roman familial fantasmé, l'omniprésence de l'angoisse, de la culpabilité, de la honte face à la désillusion progressive des certitudes, des évidences, face à la représentation d'une transmission brisée.

Nous nous découvrons dans une co-narrativité avec un jeune couple qui va affronter cette très éprouvante traversée devenue épopée héroïque tant elle convoque courage, détermination, générosité, réélaboration des représentations de la filiation, touchant au vif de l'intime.

Ilana Ferhadian nous fait imaginer avec une sensibilité, un discernement et une pertinence remarquables le glissement, au fur et à mesure que le traumatisme s'infiltre, s'incruste, s'enkyste, de la position de sujet dans sa propre vie à celle, au long d'une décennie, des consultations, des examens et analyses, des traitements médicamenteux, des infiltrations, des protocoles successifs, de la répétition des essais et des échecs, des espoirs et du désespoir, des montagnes russes émotionnelles, amenant progressivement mais violemment vers un état dépersonnalisant, dévalorisant, désidentifiant, d'objet, démunie, figée dans une détresse abyssale, sans plus de repères, de sens, selon des sentiments de solitude aux prises avec les pressions externes. Se voir comme une femme « pas comme les autres », se sentir mauvaise – les échecs et les traitements objectalisants participent à renvoyer une mauvaise image d'un corps qu'il a déjà été parfois difficile de s'approprier –, c'est une épreuve à la fois psychologique, sociale, idéologique, physique, une épreuve de couple, la remise en question de toutes les représentations de vie.

Ilana évoque les effets déprimants de l'endométriose, des règles qui reviennent comme « des uppercuts », des insinuations d'hystérie, des piqûres à heures fixes, de la course vers le labo pour les analyses sanguines, urinaires, des taux d'hormones, des rendez-vous d'échographie, du sentiment d'injustice, d'être « traitée comme du bétail », vide, de dévalorisation, de colère, de tristesse, de solitude, d'arrachement d'une partie de soi, de sa féminité, de contrôle sur son ad-venir, son destin, désemparée, avec la peur de ne plus être aimée, d'être abandonnée, y compris par l'homme qu'elle aime, de ne jamais avoir d'enfant, d'être mère, de fonder une famille, d'être rejetée de l'espèce humaine, jusqu'à, dans la détresse profonde, se détester.

En outre, ce Journal nous donne une représentation du parcours médico-psychologique des couples hétérosexuels infertiles que la médecine a vocation thérapeutique, déontologiquement et institutionnellement, à prendre en charge. René Frydman (*La Tyrannie de la reproduction*) décline la multiplication des technologies de la reproduction : fécondation in vitro, congélation des ovocytes, gestation pour autrui aujourd'hui, fabrication de gamètes et utérus artificiel demain… Tout ceci construit la croyance que « tout est possible » grâce à la science, et fait peser un poids : celui de la reproduction à tout prix. Beaucoup de couples s'épuisent dans cette quête infernale de l'enfant, et il interroge : « Le désir d'enfant justifie-t-il tout ? » La procréation médicalement assistée, instituée, ou PMA, consiste en une dissociation de la sexualité avec une procréation qui se fait en laboratoire, avec une « éclipse de la sexualité » (Paul Atlan) : « L'union des corps n'est plus l'origine de la fécondation. Elle est remplacée par l'union de partie de ces corps. » Et que dire de la congélation des gamètes, qui instaure un décalage dans le temps des procréations morcellement assistées ?

Sept ans à t'attendre nous enrichit, bien sûr, de renseignements médicaux, de discernement sur le fonctionnement des équipes médicales, sur les types d'investissement, d'accueil, d'accompagnement, les postures et comportements des médecins, dans un équilibre compliqué entre l'attention à la pratique technique et la disposition à une relation/interaction interhumaine empathique, ceux de la psychologue davantage dans un positivisme infantilisant, redoublant les projections sauvages par l'entourage, interprétant un « blocage psychologique » plutôt que de favoriser un travail de représentation, de figuration, chez la patiente, chez son compagnon.

Journal de bord d'une PMA est un témoignage de femme formidable, qui nous entraîne plus qu'on ne le suit, que l'on vit en le lisant : on bondit sans poser le livre, qui nous accompagne.

C'est, avant tout, un témoignage de vie affrontant, surmontant la compulsion de répétition et la tentation mortifère, les transformant en une force de vie magnifique, compliante.

La préconception d'Ilana Ferhadian nous fait imaginariser ce qui participera d'une métapsychologie du lien et de la rencontre. Le *sense of being* winnicottien – être ou exister, *that is the question!* Il apparaît aujourd'hui, selon la théorie de l'attachement, que le bébé peut se représenter psychiquement le lien avant de pouvoir se représenter l'objet. Ce récit a l'immense mérite de nous faire imaginer une continuité de la vie intra-utérine à la vie post-natale, engageant un investissement – primaire – du lien avant la perception de l'objet, la naissance de celui-ci.

« Notre Victoria est née à terme et en parfaite santé le 1er juillet 2023. Cette petite battante, ce bébé précieux, comme disent les médecins, nous a choisis. Et ce témoignage lui est naturellement dédié, car c'est également son histoire », écrit Ilana Ferhadian, qui nous offre une magnifique leçon de vie.

Groucho Marx écrivait avec humour : « Pourquoi ferais-je quelque chose pour les générations suivantes ? Qu'ont-elles fait pour moi ? »

Nul doute que Victoria réalisera plus tard en quoi la transmission est désir de transmission, et engage une responsabilité réciproque.

Michel Gad Wolkowicz

Michel Gad Wolkowicz est psychanalyste, professeur associé de psychopathologie – Paris Sud Orsay, visiting professor à Tel Aviv (IL), Glasgow (UK), et président de Schibboleth – Actualité de Freud. *Il a notamment dirigé en 2018* Le Nouvel Antisémitisme en France *aux éditions Albin Michel ; en 2023, avec le grand rabbin de France Haïm Korsia et Guy Bensoussan,* L'Invisible de la rue Vaucouleurs. Sarah Halimi, femme juive assassinée en 2017 *; avec Pascal Bruckner, en 2025,* Pour Boualem Sansal, *tous deux aux éditions David Reinharc.*

Lexique

Infertilité : On parle d'infertilité d'un couple hétérosexuel en l'absence de grossesse après 12 à 24 mois de rapports sexuels complets, réguliers (deux à trois fois par semaine) et sans contraception. À ne pas confondre avec la stérilité, qui est une maladie définie par l'incapacité totale à concevoir naturellement un enfant.

Endométriose : Maladie gynécologique inflammatoire et chronique fréquente, souvent douloureuse et potentiellement évolutive. Elle se caractérise par la présence anormale, hors de la cavité utérine, de tissu semblable à celui de la muqueuse de l'utérus (appelée endomètre). Ces cellules s'implantent et croissent sur d'autres organes pour finalement y provoquer des lésions. Elle évolue de la puberté à la ménopause.

Adénomyose : Forme particulière d'endométriose touchant le muscle utérin, qui se définit par la présence anormale de tissu endométrial, dans la paroi du muscle de l'utérus. Certaines formes d'adénomyose peuvent être accompagnées de symptômes très douloureux ou avoir un impact sur la fertilité.

Prostaglandines : Substances lipidiques produites par les cellules de l'organisme, qui jouent un rôle clé pendant les règles en provoquant la contraction des muscles de l'utérus pour expulser l'endomètre, lorsque la fécondation n'a pas eu lieu.

Ces contractions, parfois intenses, sont responsables des douleurs menstruelles (dysménorrhées).

Glaire cervicale : Un indicateur clé pour identifier la période de fertilité chez la femme. Tout au long du cycle menstruel, sa consistance et son aspect changent, elle devient plus transparente, élastique et abondante autour de l'ovulation. Cette modification signale la fenêtre fertile, période optimale pour la conception, en facilitant la survie et le passage des spermatozoïdes vers l'ovule.

PMA : Procréation médicalement assistée, ou AMP (pour assistance médicale à la procréation) qui donne la possibilité à un couple hétérosexuel ou à un couple formé de deux femmes ou à une femme non mariée d'avoir un enfant.

AMH : L'hormone antimüllérienne est une hormone produite par les tissus reproductifs (testicules et ovaires) qui joue un rôle dans le développement et la maturation des follicules (ovulation) chez la femme. La sécrétion d'AMH débute quelques jours avant la naissance, atteint son maximum à la puberté puis diminue avec l'âge jusqu'à la ménopause, où elle devient indétectable. L'AMH est considérée comme un indicateur fiable de la réserve ovarienne.

FIV : La fécondation in vitro est une technique de procréation dans laquelle les ovaires de la femme sont stimulés par un traitement hormonal dans le but de faire croître un nombre suffisant d'ovocytes qui sont ensuite prélevés de manière chirurgicale. Un ou des spermatozoïdes sont alors directement injectés dans l'ovule pour former un embryon. L'embryon est conçu hors de l'utérus, puis transféré quelques jours plus tard.

FIV ICSI : Injection intracytoplasmique de spermatozoïdes. Les ovaires sont également stimulés hormonalement, et l'ICSI est une technique où un spermatozoïde est injecté directement dans un ovule mature pour obtenir la fécondation.

Insémination artificielle ou IA : Technique de procréation dans laquelle la fécondation a lieu naturellement, à l'intérieur du corps de la femme. L'acte médical consiste à déposer les spermatozoïdes dans l'utérus pour faciliter la rencontre entre le spermatozoïde et l'ovule. Peut se faire avec le sperme du conjoint ou le sperme congelé d'un donneur anonyme. Comme en FIV, le plus souvent, la femme suit préalablement un traitement hormonal.

TEC (transfert d'embryon congelé) : Procédure au cours de laquelle un embryon congelé, issu d'une FIV, est transféré dans l'utérus après préparation de l'endomètre. Cette méthode évite une nouvelle stimulation ovarienne et optimise les chances de grossesse.

Don d'ovules : En France, une femme âgée de 18 à 37 ans, ayant eu ou non des enfants, peut donner ses ovocytes à des femmes en couple ou célibataires qui ne peuvent pas avoir d'enfant. Le don est réalisé dans un établissement hospitalier. Il est gratuit et anonyme.

Don de sperme : En France, un homme de 18 à 44 ans, ayant eu ou non des enfants, peut donner ses spermatozoïdes à des couples composés d'un homme et d'une femme ou de deux femmes. Il peut aussi les donner à des femmes non mariées. Le don est réalisé dans un établissement hospitalier. Il est gratuit et anonyme.

Fausse couche : Correspond à l'interruption spontanée d'une grossesse avant la viabilité du fœtus, généralement avant la 22e semaine d'aménorrhée (20 semaines de grossesse). Elle peut être causée par des anomalies génétiques, des problèmes de santé maternelle, des infections ou d'autres facteurs.

HCG : Hormone chorionique gonadotrophique. C'est l'hormone de grossesse, utilisée pour le diagnostic et le suivi de la grossesse, et détectable dans le sang quelques jours après la fécondation. Les taux sanguins doublent typiquement tous les deux jours pendant les quatre premières semaines de grossesse, puis à peu près tous les 3,5 jours à 6 semaines. Le taux d'HCG chute rapidement suite à un accouchement ou une fausse couche.

SA : La semaine d'aménorrhée est l'unité utilisée pour calculer la durée d'une grossesse. Elle commence à partir du premier jour des dernières règles et inclut généralement deux semaines avant la conception réelle. Par exemple, une grossesse de 12 semaines correspond à 14 semaines d'aménorrhée (on dira 14 SA).

Hystérosalpingographie : Radiographie de la matrice et des trompes après injection d'un produit de contraste. Cet examen permet de mettre en évidence des pathologies utérines intracavitaires (polype, fibrome, synéchie, restes placentaires, malformation utérine) et de vérifier la perméabilité des trompes. L'examen est réalisé dans un service de radiologie.

Hystéroscopie : Méthode d'exploration et de visualisation avec camera de la cavité utérine qui permet de diagnostiquer ou de traiter des pathologies gynécologiques. Elle peut être un complément utile aux autres méthodes d'exploration (échographie pelvienne, IRM, hystérographie).

Hystérectomie : Ablation de l'utérus. Cette opération est indiquée en cas de diverses pathologies telles que des saignements et/ou douleurs liés à des fibromes ou de l'adénomyose, ou encore certains cancers.

IRM : L'imagerie par résonance magnétique est un examen basé sur l'utilisation de champs électromagnétiques. Indolore, il permet d'obtenir des images de l'intérieur du corps humain, en deux ou trois dimensions. On le prescrit notamment pour visualiser les tissus mous, mais aussi les os et articulations.

GPA : La gestation pour autrui est une méthode de procréation assistée dans laquelle une femme, appelée «mère porteuse» ou «gestatrice», porte un enfant pour le compte d'une ou plusieurs personnes. La GPA est strictement encadrée ou interdite selon les législations des pays.

IMG : L'interruption médicale de grossesse désigne l'arrêt de la grossesse pour des raisons de santé, qu'elles concernent la mère (maladies graves ou risques vitaux) ou le fœtus (anomalies incompatibles avec la vie ou pathologies incurables). Elle peut être pratiquée à tout moment de la grossesse, sous réserve d'une autorisation médicale par un collège de spécialistes.

IVG : L'interruption volontaire de grossesse est une procédure médicale ou chirurgicale permettant à une femme de mettre fin à une grossesse non désirée. Elle est encadrée par des délais légaux qui varient selon les pays (généralement jusqu'à 12 semaines de grossesse, soit 14 semaines d'aménorrhée). L'IVG peut être réalisée soit par voie médicamenteuse, soit par aspiration dans un cadre médicalisé.

IMC : L'indice de masse corporelle est un indicateur utilisé pour évaluer la corpulence d'une personne en fonction de son poids et de sa taille. Il se calcule en divisant le poids (en kilogrammes) par la taille au carré (en mètres). Cet indice permet de classer une personne dans des catégories telles que maigreur, poids normal, surpoids ou obésité, et d'évaluer les risques de santé associés à chaque catégorie.

Caryotype : Analyse génétique qui consiste à examiner les chromosomes d'un individu pour détecter des anomalies de nombre ou de structure. Ce test est couramment effectué dans le cadre d'une investigation prénatale, d'un bilan d'infertilité ou d'un diagnostic de maladies génétiques. Il s'effectue à partir d'un échantillon de cellules, comme celles du sang, par exemple.

Choriocentèse : Technique de diagnostic prénatal invasive qui consiste à prélever des villosités choriales (petites structures de tissu placentaires) entre la 10e et la 13e semaine de grossesse. Elle permet de détecter des anomalies chromosomiques, telles que la trisomie 21 ou certaines maladies génétiques transmises par les parents.

Amniocentèse : Procédure diagnostique qui consiste à prélever un échantillon de liquide amniotique entourant le fœtus, généralement entre la 15e et la 18e semaine de grossesse. Ce liquide contient des cellules fœtales et d'autres substances permettant d'analyser les anomalies génétiques, comme la trisomie 21.

Deuil périnatal : Désigne le processus de deuil vécu par les parents après la perte d'un bébé pendant la grossesse (fausse couche tardive, mort fœtale *in utero*) ou peu après la naissance (mort néonatale). Cette période est souvent marquée par un traumatisme psychologique important et nécessite parfois un accompagnement thérapeutique. Le deuil périnatal est reconnu comme une épreuve spécifique qui demande un soutien attentif.

Bibliographie

Marie-Rose Galès, *Endométriose, ce que les autres pays ont à nous apprendre*, Josette Lyon, 2010

Audrey Leblanc et Audrey Malfione, *Le guide des couples infertiles*, Ker Éditions, 2014

Laëtitia Milot, *Le bébé, c'est pour quand ?*, Michel Lafon, 2016

Karine Degunst, *Félicitations, c'est une FIV !*, PIXL, 2016

Michaël Azoulay, *Éthiques du judaïsme*, La Maison d'Édition, 2019

Énora Malagré, *Un cri du ventre*, Leduc, 2021

François Olivennes, *Mille et un bébés*, Grasset, 2022

Remerciements de l'éditeur

L'éditeur tient à exprimer – en son nom propre comme en celui de l'auteur – sa reconnaissance à Nellu Cohn, actuel directeur des rédactions de Radio J et de Judaïques FM. Musicien, photographe, documentariste, auteur du puissant *La mort en face, le pogrom de Iasi* (2019), Nellu Cohn est aussi, secrètement mais résolument, un passeur. C'est lui qui m'a mis sur la voie, avec *Rouge Harissa* de Sonia Medina, premier manuscrit édité dans la maison que je venais de fonder. C'est encore lui qui, avec une présence discrète et généreuse, m'a porté le beau projet d'Ilana. Il me semblait naturel de lui dire merci.

Mise en page intérieure : Delphine Panel

DAVID REINHARC
Éditions

19, rue de Miromesnil – 75008 Paris
davidreinharc.editions@gmail.com

ISBN : 978-2-493575-61-6

Dépôt légal : avril 2025

Cet ouvrage a été achevé d'imprimer
par La Manufacture en avril 2025
Imprimé en France